C 地图上的中国
HINA ON THE MAP

古城春秋

HISTORY OF
ANCIENT CITIES

蓝橙 著

五洲传播出版社

图书在版编目（ＣＩＰ）数据

地图上的中国．古城春秋 ／ 蓝橙著． —— 北京 ：五洲传播出版社，2022.1

ISBN 978-7-5085-4584-4

Ⅰ．①地… Ⅱ．①蓝… Ⅲ．①中国－概况②古城－介绍－中国 Ⅳ．①K92

中国版本图书馆CIP数据核字(2021)第222253号

审 图 号：GS（2021）8287号

古城春秋

作　　者：蓝　橙
图　　片：图虫创意
出 版 人：关　宏
责任编辑：苏　谦
装帧设计：山谷有鱼　张伯阳

出版发行：五洲传播出版社
地　　址：北京市海淀区北三环中路31号生产力大楼B座6层
邮　　编：100088
电　　话：010-82005927，82007837
网　　址：www.cicc.org.cn，www.thatsbooks.com
印　　刷：北京中石油彩色印刷有限责任公司
版　　次：2024年3月第1版第1次印刷
开　　本：1/20
印　　张：6
字　　数：100千
定　　价：48.00元

中国古城分布图

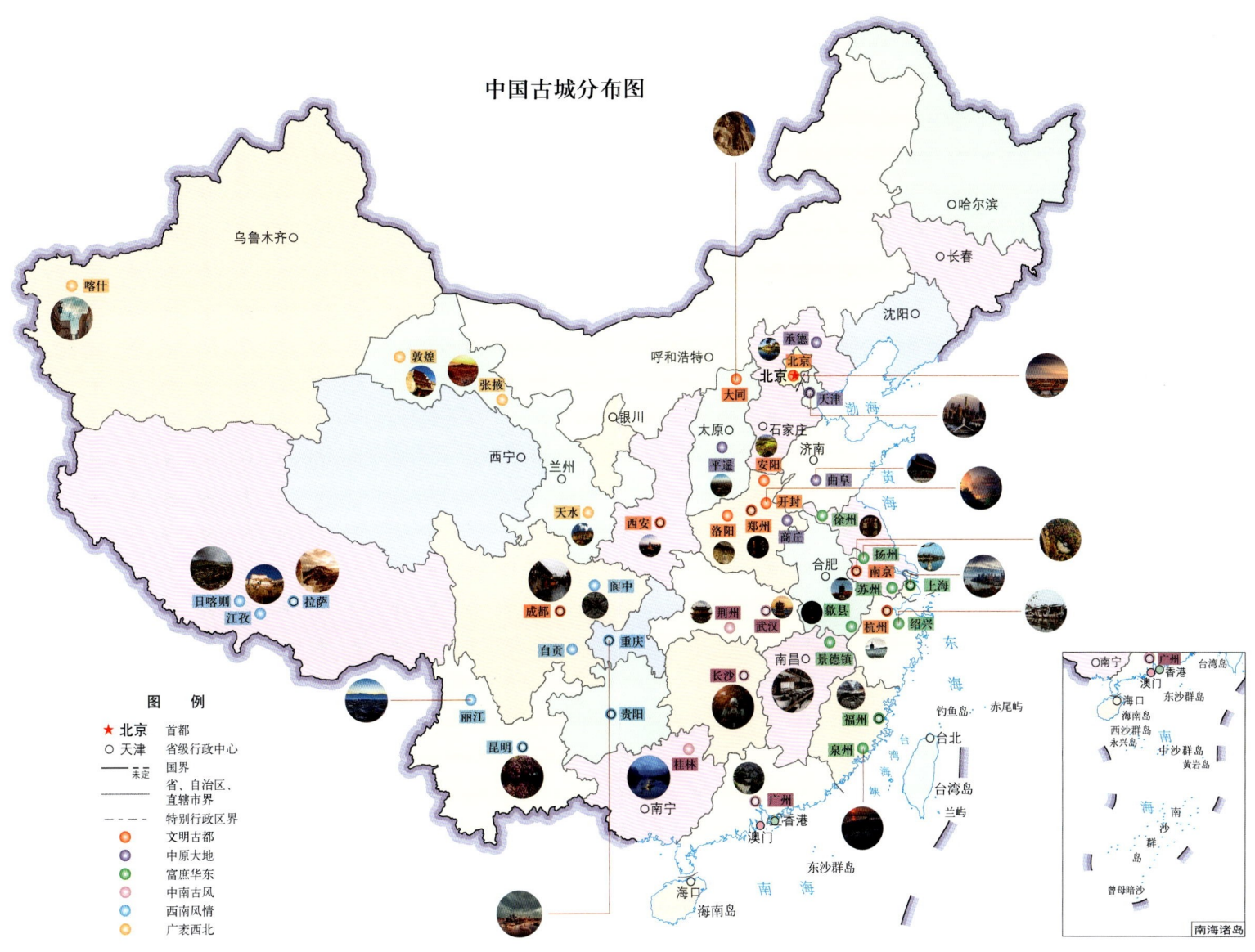

图 例

★ 北京　首都
○ 天津　省级行政中心
──　国界
　　　未定
………　省、自治区、
　　　直辖市界
-----　特别行政区界
● 文明古都
● 中原大地
● 富庶华东
● 中南古风
● 西南风情
● 广袤西北

乌鲁木齐○

喀什

敦煌　张掖

呼和浩特○　承德
　　　　　北京★
大同　　天津○　渤海
银川○　太原○　石家庄○
　　　平遥　济南○　黄海
西宁○　安阳　曲阜
兰州○
天水　洛阳　郑州
西安　　　开封
　　　　　商丘　徐州
　　　　　　　合肥○　扬州
日喀则　拉萨　　　　　南京　上海
江孜　　　　　　　　　苏州
　　　阆中　　荆州　武汉　　歙县　杭州　绍兴
成都　　　　　　　南昌　景德镇
自贡　重庆　长沙　　　　　福州
　　贵阳　　　　　　　　泉州
丽江
　　昆明　　　桂林　　　　广州
　　　　　　　南宁○　　香港
　　　　　　　　　　澳门　东沙群岛
　　　　海口
　　　　海南岛　南海

东海
钓鱼岛　赤尾屿
台北
台湾海峡　台湾岛
兰屿

南海诸岛

○南宁　　○广州
　　　　　香港　台湾岛
　　　　澳门　东沙群岛
○海口
海南岛
西沙群岛　南
永兴岛　中沙群岛
　　　　　黄岩岛
海
南
沙
群
岛
曾母暗沙

古城春秋

History of Ancient Cities

古城春秋

History of Ancient Cities

前 言 …

　　中国上下五千年的悠久历史，孕育了众多有着极其厚重的历史文化底蕴的城市。

　　这些城市，有的是中华民族的起源之地，有的是几代王朝的都城，有的是长达千年的文化中心，有的是一代辉煌时期的经济重镇，有的是重大历史事件的发生地，有的以无比珍贵的历史遗迹闻名世界，还有的地下埋藏着神秘而令人震撼的宝藏……

　　这些城市发展到今天，并没有因为现代都市的建设而彻底失去古老的传统。漫长历史留下来的建筑、古迹、人文艺术以及传承下来的生活方式，为人们回顾中国古老而灿烂的历史文明打开了窗口。

　　1982年2月，为了保护那些曾经是古代政治、经济、文化中心和重大历史事件发生地的重要城市及其文物古迹，中国正式提出了"历史文化名城"的概念。本书中所列的40多座古城，历史悠久，遗迹遍布，文化底蕴厚重，都属于中国著名的历史文化名城。它们有的已经是中国著名的一线大都市，有的则大隐隐于市，是幽居深山或大漠中的小县城，但这并不妨碍它们都极具古老的中国韵味。

　　在中国的版图上，这些城市均匀分布，从东部沿海到西部高原，从北方大漠到江南水乡，遍及各地。虽然它们留存的都是中国几千年的历史，却风格迥异，各具特色。

通过这本书，读者可以充分了解这些著名的古城背后的历史文化故事。比如：城市名称起源有什么美丽的传说？地下宝藏是如何被发现的？盛世朝代在建国建都时有着怎样的惊心动魄？边陲少数民族的生活和中原大地有哪些不同？古丝绸之路到底有多繁荣？佛教传承的过程中留下了哪些震惊世界的宝库？中国著名的手工艺品是如何诞生的？等等。

这些历史，除了留在古书古籍之中，还更多地渗透进了城市的角角落落。现代社会的发展，无法泯灭几千年来历史留下的印记。中国古老的文明是神秘的也是动人的，一座座古城，就是追寻中国历史传奇的最好的通道。

目 录

十大古都

西安

西安既是中华文明重要发祥地之一，也是古代丝绸之路的起点。在中国历史上，先后有13个王朝将此地作为都城。1981年，中国西安被联合国教科文组织确定为"世界历史名城"。

自汉朝始，以长安为起点的丝绸之路，往西一直延伸到了地中海沿岸，为亚欧大陆带去了中国的丝绸、陶瓷等商品，同时促进了中西方在文化艺术上的交流和融合。

7世纪上半叶到8世纪中叶，随着陆上、海上两条丝绸之路的繁盛，世界各地的商人纷纷和唐人展开贸易，唐都长安聚集了各国的使节、商人、侨民，成为当时世界上最大的国际大都会。

作为"汉唐盛世"政治、文化、经济中心的长安，就是今天的西安。今天，从西安大雁塔、华清宫等历史遗迹中，还可以一窥当年长安城的繁荣风貌。

古老，是西安留给世界最深刻的印象。西安最早有人类活动的历史可以追溯到100多万年前，那时古人类就在

这里形成了聚落，这些古人类被称为"蓝田人"。

　　1953年春，西北文物清理队在西安发现了一处古人类遗址。在占地面积约为5万平方米的遗址中，有着完整的居住区、墓葬区、制陶作坊区。大量的生活用具、生产用品，以及古人类遗骨，都证实了这是一处距今6000多年前的新石器时代仰韶文化聚落遗址。这一遗址被称为"半坡遗址"。考古学家认为它是中国古代文明的重要发源地之一。2004年，在西安杨官寨，考古学家发现了迄今最早的城市遗址，与半坡遗址为同一时期。这一发现，将西安的城市历史往前推进到新石器时代晚期。

　　公元前202年，刘邦建立西汉王朝。随后不久，他下令迁都，并将新都城命名为"长安"，取长久平安之意。从此，长安先后成为13个王朝的都城或陪都。直到1369年，"长安"这个名字才被明朝开国皇帝朱元璋改为"西安"，并沿用到现在。

　　悠久的历史以及保存完好的帝王宫殿、庙宇等大量古建筑，让现代西安和古代长安重叠交错。

　　大明宫是唐长安城中规模最大、最辉煌的一座宫殿，其面积是故宫博物院的4倍。唐朝末年，大明宫整座宫殿毁于战火，如今只剩下遗址，诉说着当年的辉煌。钟鼓楼是西安的标志性建筑，始建于明朝。中国古时击钟报晨、击鼓报暮，以此告知百姓时间。位于西安古城区四周的巨大城墙，是中国现存规模最大、保存最完整的古代城墙，它是明朝时在隋唐皇城城墙的基础上建设而成的，其后又经历了多次大修，至今保存完好。

　　除了众多的地上历史建筑，西安地下也到处是文物和宝藏。当地人笑称，在西安修地铁、盖房子，一不小心就能挖出两座古墓。

　　1974年3月，在西安郊区一片砂石堆积的荒野，一个农民挖井时，忽然发现土里有很多陶片，看上去像是很古老的东西，于是他上报给文物部门。经考古工作者挖掘，发现这里地下竟是一座规模巨大的兵马俑坑，里面埋藏着和真人、真马大小相似的陶俑约8000件。这些陶俑样貌栩栩如生，刚出土时，有些甚至还带有色彩，只是很快就氧

化了。一个震惊世界的奇迹——秦始皇陵兵马俑就此重见天日。秦始皇陵兵马俑是秦始皇生前命工匠建造的，目的是希望他死后也可以有千军万马相随。为了再现秦军气吞山河的磅礴气势，建造者们不仅追求陶俑的形体高大，还构建了庞大的军队体系，不同装备的步兵、骑兵、车兵，多种多样的兵器，令人叹为观止。

西安最有意思的地方在于深处其中时，可以让人瞬间穿越几千年不同时期的历史。秦朝和唐朝的遗迹，相距不过几千米；你可能刚沉浸于汉朝的历史风貌，扭头又见明朝高大巍峨的城墙……这一切，都让人有一种不真实的穿越感。

不同历史时期的建筑遗迹穿插交错，形成了西安古老而独特的风貌，再加上有几千年历史的秦腔、皮影戏等文化艺术依然在民间盛行，这一切都吸引着众多游人前来西安，感受中国灿烂的古代文明。

洛阳

洛阳是中华文明的重要发源地之一，中国古代四大发明中的指南针、造纸术、印刷术都诞生于此。洛阳也是中国建都最早、历时最长、朝代最多的都城之一，先后有13个朝代在此建立都城。

千百年来，中国人都自豪地称自己为"炎黄子孙"，"炎黄"二字，指的是神话传说中的两位部落首领——炎帝和黄帝。这两位上古时期的部落首领生活在黄河流域河洛地带，他们被尊为中华人文始祖。而这片有中华文明"摇篮"之称的地区的中心地带，就是洛阳。

洛阳有5000多年文明史、4000多年城市史和1500多年建都史，可以说，洛阳是中国最古老的城市之一，关于它的传说和故事数不胜数。洛阳城中心有一条河穿城而过，名洛河。传说在2000多年前，有一位十分美丽的女神经常在河畔出现，她就是洛水之神——洛神。三国时期文学家

曹植在路过洛河时，幻想自己与美丽的洛神邂逅，挥笔写下了千古名篇《洛神赋》。

洛阳四周雄关遍布，地势非常好，所以古代帝王建都的备选名单里，通常都会有洛阳。中国第一个奴隶制王朝——夏朝，便诞生于洛阳。夏朝建立于公元前21世纪，是中国史书中记载的第一个世袭制朝代，夏朝人的主要活动范围就在河洛一带。

在洛阳盆地东部的偃师市境内，有一处面积约300万平方米的古人类生活遗址——二里头遗址，距今约3500年至4000年。从20世纪60年代发现该遗址开始，经过几十年的多阶段研究，考古学家认定了该遗址所处的时期。而在这一时期，中国大地上形成了一个前所未有的、绝对的权力中心。遗址中发现的大型宫殿区，被认定就是这一权力中心——夏王朝的都城。更令人震惊的是，在遗址中挖掘出一件由2000多片绿松石镶嵌而成的龙形器，这为中华民族的龙文化找到了最直接的根源。此外，考古学家还在

二里头遗址中发现了最早的城市主干道网、最早的车辙、最早的青铜礼器等。因此，二里头遗址也被考古学家称为一个不断改写"中国之最"的地方。

洛阳的古老，不仅体现在它是中华民族的发源地之一，还体现在它与中国三大教——儒教、道教、佛教息息相关。这三大教对中国几千年来的阶级统治、思想文化、社会生活产生了重大的影响。

洛阳是道家学派创始人老子生活的地方。传说老子在周王朝动乱后归隐深山修炼，而这座山就是今天的洛阳栾川老君山。

萌芽于西周时期礼乐文化的儒家思想是在洛阳完整建立起来的，因此，洛阳被视为儒家文化的奠基之地。儒家思想在几千年里深刻影响着中国，并在中国传统文化中长期处于核心地位。

被称为"中国第一古刹"的洛阳白马寺，是东汉明帝时期建立的。当时，佛教传入中原后，在洛阳扎根生长，白马寺因此修建而成，并被后世尊为"释源祖庭"。

提到佛教，则少不了著名的龙门石窟。在洛阳伊水河畔东西两山的峭壁上，密布着长达1000米的佛教石窟，单

说其数量就足以震惊世界：现存洞窟像龛2345个，造像达到11万余尊。龙门石窟是世界上造像数量最多、规模最大的石刻艺术宝库，被联合国教科文组织列入世界遗产名录，并评价为"中国石刻艺术的最高峰"。

494年，北魏孝文帝欲迁都洛阳，在迁都之前，他便下令开始修建龙门石窟。在此后五六个朝代，龙门石窟不断被修复和续作，其中以北魏和唐朝的开凿活动规模最大，其兴盛期历时150年之久。不幸的是，在各个朝代更迭的过程中，龙门石窟被盗坏非常严重，如今我们只能依靠科技复原，来感受龙门石窟曾经的辉煌和震撼。

洛阳不仅长期作为全国政治、经济中心，还孕育了灿烂的文化，诞生了很多新奇的发明创造。中国古代四大发明中的指南针、造纸术、印刷术，都是在洛阳诞生的。

中国一直有句古话：若问古今兴废事，请君只看洛阳城。洛阳的历史厚重感，存在于几千年的都城遗迹里，存在于人们的言谈举止间。"民族圣地、文化根脉"是洛阳鲜明的符号，"神都"洛阳，名副其实！

北京

北京是一座有着3000多年历史的古都。明朝时，明成祖朱棣将都城迁往北京，并建造了世界上最大的皇宫，旧称"紫禁城"。直到今天，北京依然是中国的政治和文化中心。

3000多年前的殷商时期，在今天北京西南的位置有一个小国——蓟国。这个国家断断续续绵延了1000多年，周

朝初年，蓟国受到周天子的分封，重新建国，直到春秋时期被邻国燕国吞并。

蓟国是北京地区最早形成的国家之一，从那时起，在往后长达近3000年的时间里，北京多次被确立为都城，并且有着不同的称谓。

1215年，成吉思汗攻下金中都后，将其改名为"燕京"。1264年，其孙忽必烈将"燕京"改为"中都"。1276年，忽必烈迁都至中都，并于1272年改名为"大都"。元大都是当时全中国的政治中心和交通中心。如果说燕国时期北京只是一个小诸侯国的国都，那么到了13世纪元朝时期，北京开始转变成为全中国的国都。

让北京的都城地位更加巩固的功臣，莫过于明朝的燕王，也就是后来的明成祖朱棣。明朝建立后，北京被称为"北平府"，是朱棣的封地所在。朱棣篡权夺取皇位后，执意将都城从应天府（今江苏南京）迁往自己的封地。1421年，朱棣正式迁都，将"北平"改名为"北京"，这一名字沿用至今。

皇宫，是一个国都最核心的象征。在北京中轴线的中心位置，有一座巨大的皇家宫殿，它是世界上现存规模最大、保存最为完整的木质结构古建筑之一。这就是故宫，旧称"紫禁城"。

故宫是明清两朝的皇家宫殿，设计和建造极为考究。故宫里面的建筑无比精致，不止样式设计精湛丰富，让人叹为观止，其选材也汇集了全国各地的珍贵材料。故宫建造之前，朱棣就先派出人员，奔赴全国各地去开采名贵的木材和石料，再想尽办法运送到北京。这样的准备工作，整整持续了11年。

故宫保和殿后有一块故宫内最大的丹陛石，这块石头开采于北京西南方向的房山。史书记载了运送它时的情景：当时数万名劳工在道路两旁，每隔一里左右就掘一口井，到了隆冬时节，就从井里汲水，泼成冰道，劳工们用了28天的时间，才通过冰道将这块丹陛石送到了故宫里。

故宫重要宫殿里面铺设的地砖被称作"金砖"，由苏州砖窑生产并运输到北京。制作金砖是一种古老的传统手工技艺，其过程极为复杂。金砖制成后，质地非常坚硬，价格也非常高，是当时皇家御用物品。在故宫，随处可见这样罕见精致的建筑材料。

　　在北京，皇家建筑可谓比比皆是。从燕国定都蓟城起的近3000年里，各个于此定都的王朝都在这里大兴土木，这使北京成为中国拥有帝王宫殿、园林、庙坛和陵墓数量最多的城市之一，也让北京成为无可替代的权力象征。

　　世代生活在北京的老北京人，常被形容为住在皇城根底下。由于明清时期北京生活着很多王室贵族，所以老北京人在日常生活中礼数多、讲究多，禁忌也多。许多老北京人生活十分悠闲，他们喜爱饲养鸟、虫一类的宠物，并把养宠物当作和弈棋、品茗、论画一样的雅事。

　　胡同是老北京民居建筑的主要形态，由此形成的胡同文化也是北京传承下来的一种极有地域特色的生活文化。北京的胡同众多，在明朝就多达1000多条，到了新中国成立初期，更是多达2550多条。四合院是胡同里的典型建筑，胡同和四合院彼此融为一体。现在，我们仍能在一些保留下来的胡同里感受到过去的气息。

　　来到北京，转一转皇家宫殿园林，走一走老北京胡同，听一听传统京剧，让人觉得仿佛化身旧时王公贵族，穿越了时光。

南京

南京是中国历史文化名城，曾是六朝古都，也是古代海上丝绸之路的重要城市。南京城内，一条河流由东向西横贯主城，最终注入长江。这条河就是南京的母亲河——秦淮河，它孕育了悠久而浑厚的南京文化。

"十里秦淮生春梦，六朝烟月荟金陵。"十里秦淮流淌了千年，再也没有哪一条河流能与秦淮河的风姿绰约相抗衡。提到秦淮河，不由得让人想到南京被称为金陵的岁月。金陵是南京的古称，秦淮河则是古老南京文化的渊源之地。内秦淮河从东水关至西水关全长4.2千米，沿河两岸，一畔是中国南方地区会试的总考场——江南贡院，另一畔是南部教坊名伎聚集之地。一半贡院，一半烟花，十里秦淮成为古时南京城最为繁华的地段。这里孕育了大批的文人才子，他们在这里创作了无数佳句，感怀家国，咏叹爱情。这里也充满了风花雪月，上演了许多可歌可泣的故事。

夫子庙位于秦淮河北岸的贡院街，是中国第一所国家最高学府，也是中国古代文化的枢纽之地。337年，东晋皇帝认为"治国以培育人才为重"，下令在秦淮河南岸建立太学。到了北宋时期，移东晋学宫至秦淮河北，并在学宫之前建庙祭奉孔夫子。长期以来，秦淮河畔都是世家大族最青睐的地段，是望族聚居之地。商贾云集、文人荟萃，十里秦淮的繁华景象和特有风貌，也被历代文人反复讴歌。中国历史上很多经典的文学作品，都与秦淮河密不可分。

隋唐时期可以称得上是古代南京的文化巅峰时期。著名诗人李白、杜牧、李商隐等都曾在这里生活、游历过。

唐朝灭亡后，南唐定都江宁（今南京），并扩建城邑。当时北方战火不断，但这里70多年都没有发生大的战争，因此经济繁荣，文化亦十分发达，诗词、书画、舞蹈、曲艺都独领风骚，开一代之风。

南京最早的建都史，可追溯到229年。当时东吴孙权在武昌称帝，随后迁都建业（今南京）。中国的政治中心开始走出黄河文化板块，长江流域及整个中国南方地区因此得到发展，南京也由此迎来了它的辉煌岁月。

此后，东晋、南朝时期的宋、齐、梁、陈相继在此建都，故南京有"六朝古都"之称。当时的南京是世界上最大的城市之一，在历史上产生了深远的影响。

六朝皇宫建康宫是南京历史上浓墨重彩的一笔。建康宫宫殿壮丽巍峨、雄伟辉煌，被北魏都城效仿，深远影响了后世宫室建设的形制。但建康宫遗址被直接叠压在南京市核心区域，被现代建筑所覆盖，使考古发掘工作面临诸多困难，以至于至今没有进行全方位的考古发掘。不过，在城市更新建造的过程中，已然发现了众多建康宫遗迹，如原址夯土城墙、包砖墙、护城壕等，昔日建康宫的神秘

面纱，已经被揭开了一角。

到了20世纪30年代抗日战争时期，惨绝人寰的南京大屠杀使风雅南京增添了许多悲伤的色彩。如今，侵华日军南京大屠杀遇难同胞纪念馆已接待前来缅怀凭吊的观众上亿人次，这段不能忘却的历史已成为南京不可分割的一部分。

南京，就是这样一座古老又现代、辉煌又复杂的城市。它以其独特的风韵，吸引着众多人走进它，一睹它的风采。

开封

　　开封迄今已有4100余年的建城史和建都史，先后有8个朝代在此定都，素有"八朝古都"之称。北宋时期，都城东京（今开封）发展成为世界第一大城市。中国十大传世名画之一《清明上河图》，就是宋代画家张择端用画笔为这座繁华都城留下的写真。

　　"开封城，城摞城，地下埋有几座城"，开封民间一直流传着这样的传说。随着考古技术的发展，这一传说终于得到了证实。由于地理位置的原因，开封一直饱受黄河水患的困扰。据史料记载，从1194年到1938年，黄河在开封境内决口300多次，河道发生7次大变迁。一次又一次的黄河泥沙淤埋，形成了开封"城摞城"的奇观——2000多年历史中建立的古城，一座又一座地被叠压在地面之下。如果能纵面剖开地层，就可以看到一座又一座不同朝代建立的城市的遗址。历经20多年考古发掘，考古学家发现，在古都开封地下3米至12米处，上下叠压着6座城池。

　　1000多年前，一座当时世界上最大的城市在中国腹

地黄河之畔诞生。在这座拥有百万人口的城市中，有热闹繁华的街市，有琳琅满目的美食，有层出不穷的娱乐，有方便快捷的各式服务，有精致丰富的物质文化和艺术追求……这座城市，就是12世纪的北宋都城——东京开封府。

中国著名的国宝级文物——北宋风俗画《清明上河图》，生动记录了当时开封的城市面貌以及社会各阶层人民的生活状况，是开封当年盛极一时的见证，也是当时北宋城市经济社会状况的真实写照。在5米多长的画卷里，绘制了数量庞大的各阶层人物，牛、骡等牲畜，车、船等交通工具，以及具有不同特色的桥梁、商铺、民宅、城楼等。画中1000多个人物在不同地点从事着不同的活动，充满戏剧性的情节。这样一件精细度几乎堪比照相机拍照的艺术作品，将1000多年前的开封府清晰地呈现在后人面前。

北宋灭亡后，开封久经战乱，遭到了严重破坏。后值水患，黄河水汹涌灌入城内，整个城市都被淹没，只有地

势较高的铁塔才能露出水面，这导致开封宋城大部分遗迹被深深掩埋在泥沙之下。

1981年，河南省文物研究所和开封市博物馆联合组成开封宋城考古队。经过多次调查、钻探和发掘，考古学家探测出开封宋城内城城门10座，四面城墙11550米，并勘探出皇城的大致范围和形制，以及巍峨的皇宫正门宣德门。这些城墙、城门和皇宫，都叠压在今天的开封城之下，等待着人们去揭示千年前的繁华。

当然，开封地下不可能整体挖开。虽然"城摞城"奇观的确让人兴奋不已，但也只能在科学保护的基础上，逐步进行开发展示。相信不久的将来，人们将能一睹开封城下"城摞城，路摞路，马道摞马道"的神奇景观，感受八朝古都深厚的历史文化底蕴。

杭州

杭州是两朝古都，因风景秀丽、人们生活富庶，素有"人间天堂"的美誉。得益于京杭运河的便利，以及自身发达的丝绸和粮食产业，杭州在历史上便是重要的商业集散中心。

杭州是中国古代两个朝代的都城，一个是五代十国时期的吴越国，一个是南宋。

作为吴越国都城时，杭州发展成东南地区繁华的大都会。今天杭州的佛教艺术遗传，大多是从吴越国时期流传下来的。326年，西印度僧人慧理来到杭州弘法，登武林山时看见一座山峰，不由惊叹：这峰是天竺国灵鹫山一小岭，不知什么时候飞过来的！这座峰因此得名飞来峰。慧理在飞来峰下建了灵鹫寺，后又在北高峰下建了灵隐寺，以及灵峰寺、灵顺寺和一座翻译经卷的翻经院。

1127年，北宋王朝被金国灭亡，康王赵构在南京应天府（今河南商丘）登基，建立南宋政权。1129年，赵构升杭州为"临安府"，并于1138年最终定都此。之后，临安成为南宋长达140多年的统治中心。杭州也因其都城地位，城市布局变得更加宏伟，湖山美景也比前代更胜一筹。另外，人口的激增带动了杭州手工业和商业的飞速发展，经济社会空前繁荣。北宋时期，杭州已经有了"东南第一州"的美誉；南宋时期，杭州从"东南第一州"发展成为"全国第一州"，现在著名的"西湖十景"也是在这一时期形成的。当时，皇室贵族、天下富商会聚于此，他们沉醉于西湖的美景，整日吃喝作乐、奢靡挥霍，让西湖的繁华达到了顶点。

历史上，杭州的纺织业一直相当发达，绫罗绸缎绢纱等纺织品誉满全国，甚至大量销往国外，深受欢迎。明朝

时，郑和七下西洋，便携带了大量的杭州丝绸。

到了清朝时，杭州更是让皇帝们念念不忘。康熙皇帝6次南巡，就有4次到了杭州。第二次游西湖时，康熙亲笔为"西湖十景"题名，并命人建亭刻石。乾隆皇帝对杭州的喜好比其祖父康熙有过之而无不及。乾隆南巡6次，每次必去杭州，并会在此住上7—10天。杭州大大小小的景点，他几乎玩了个遍。乾隆极其欣赏苏东坡，有时他会跟着苏东坡的脚步，到苏诗中提及的杭州各处走上一走，并用与苏诗同样的韵脚，作诗应和一番。

厚重的历史赋予了杭州古朴深厚的文化底蕴，优美的风光赐给了杭州秀丽宁静的自然氛围。这座城市向世人敞开大门，等候众人前来探寻她的美丽。

安阳

安阳是河南省的一个地级市，因出土甲骨文和发掘出殷墟而闻名世界。继商朝定都安阳之后，魏晋南北朝时期，又先后有曹魏、后赵、冉魏、前燕、东魏、北齐在此建都。

在安阳市西郊，有一个叫小屯的地方。清朝末年，小屯的村民在耕作时，时常在地下掘出碎骨片。村民们都传闻这些碎骨片是可以治病的"龙骨"，于是纷纷收集，或为己用，或卖给药铺。就这样，所谓的"龙骨"开始源源不断地被从地下挖出。

1899年，一位名叫王懿荣的金石学家在北京一家中药铺发现，所售的龙骨上面竟然刻着很多细小的符号。他意识到，这也许不是普通的骨头，而是极其珍贵的文物。此后，他开始有意识地重金收购龙骨。经过研究他发现，这些骨头上的符号果然不一般，它们是殷人"刀笔文字"。殷人，就是生活在距今3000多年前的商朝人。因为这些文字是刻在龟甲和兽骨上的，所以后来人们称其为"甲骨文"。

　　王懿荣临终前，将自己所收藏的龙骨都转售给了一名叫刘鹗的学者。1903年，刘鹗将其收藏的甲骨文字整理编印出版，这就是中国第一部甲骨文著录书《铁云藏龟》。

　　在此之前，除了史书文献记载，并没有实际的文字、遗址等证据可以直接证明商朝的存在。《铁云藏龟》出版后，整个学术界为之震惊。学者们经多方探寻，终于发现安阳小屯是出土这些甲骨的地方。后经证实，小屯正是商朝后期第19代君王盘庚迁都后的都城所在地。

　　1928年，考古学家开始了对殷墟的第一次发掘。到1937年抗日战争爆发前，总共进行了15次科学发掘，确定了商王朝的宫殿区和王陵区，使殷墟是商朝晚期都城遗址成为不可动摇的结论。新中国成立后，又先后对殷墟进行了数十次发掘，考古发现越来越丰富。

　　殷墟遗址出土的甲骨文、青铜器、玉器，以及大量的骨器、石器、陶器等珍贵文物，系统地向世界展现了中国早期的文化、工艺和科学，证实了3000多年前中国拥有的灿烂文明。

　　汉字是世界三大最古老的文字体系之一，而殷墟出土的这些刻在甲骨上的文字，是汉字的早期形式，也是迄今为止中国发现的年代最早的成熟文字系统。甲骨文的发现，不仅证明古老的汉字是独立起源的，还提供了中国古代独立的文字造字法则。同时，甲骨文的内容，对于研究中国古代信仰、社会体系都有着不可估量的价值，甲骨文也因此被称为中国古代最早的"档案库"。

　　甲骨文和殷墟的存在，让安阳这个本不太起眼的小城市骤然闻名于世。不过，作为七朝古都，安阳不止拥有震惊世界的殷墟，很多远古传说、历史故事也都诞生于这里。

　　中国古代名将岳飞就是安阳人。北宋末年，金兵大举

南犯，民众惊恐，朝廷慌乱。自小就立志报国的岳飞，跪在母亲面前，提出要加入军队、为国征战。母亲为儿子的勇敢和大义而感动，在离别之时，忍痛用银针在儿子后背刺下了"精忠报国"四个大字。这就是著名的"岳母刺字"的故事。现如今，岳飞庙已经成为到访安阳的游客必去的景点之一。

　　几千年时间流转，曾经辉煌的一代又一代王朝只留下残缺的遗迹和斑驳的文物。今天，安阳已经从从前的都城转变成为一座现代化城市，但它依旧保留着独特而深厚的历史文化底蕴。

郑州

郑州，河南省省会，华夏文明重要的发祥地，在历史上曾5次为都，是中国著名的历史文化名城。

中国史书中记载的最早的世袭制王朝，是距今约4000年前的夏王朝。夏朝约延续了470年，后被商朝所灭。夏灭亡后，其后人常以"夏"自称，而后又将"华""夏"二字合称，华夏民族逐渐成为中华民族的代名词。

约公元前2070年，大禹结束部落联盟局面，在今天郑州登封市王城岗建立了中国历史上第一个奴隶制王朝——夏朝，并自称为"夏后"。

王城岗遗址于1959年首次被发现，其后经过了几代人的勘探和发掘。在2002年，考古学家们兴奋地发现了一座面积达30多万平方米的大城，经地层分析和年代测定，这座大城竟然就是夏朝的都城阳城。尘封了数千年的夏王朝终于不再是迷雾般朦胧的传说，而是以一个清晰的形象呈现在世人面前。

夏朝之后，郑州所在的位置依然是王侯将相青睐之地。商朝时，商王汤在郑州建立了早期的国都"亳都"，这是中国历史上第一座建有城垣的国都。亳都遗址也是目前世界范围内现存同时期规模最大的王朝都城遗址。在这座都城里，有着完整的城墙、宫殿、手工作坊、祭祀场所、防御设施以及供排蓄水系统。正是由于这里曾是商朝的都城，"商城"也因此成为郑州的别称。

如今，郑州城内仍存有一段长7千米的商代城墙。城墙总夯土量87万多立方米，如此宏伟壮观的建筑工程出现在3000多年前，堪称人类历史上的一大奇迹。

春秋战国时期，在郑州地区建都的诸侯国约有二三十

个。现在，郑州市域范围内存在着一个数量众多的古代都城群。例如郑韩故城遗址，由春秋时期的郑国始建，韩灭郑后，即迁都于此，郑韩两国先后在此建都长达539年。遗址现存有高大的东西并列的城墙和高台建筑基础，出土了大量文物。

在郑州市惠济区古荥镇孙庄村，考古学家发现了距今约5300—4800年的仰韶文化遗址。该遗址被称为西山仰韶文化城址，这是中国发现的年代最早、与同时代建筑技术相较最为先进的早期城址。西山仰韶文化城址开启了后代大规模城垣建筑的先河，其建筑方法和形制结构对中国古代城垣建筑产生了深远的影响。西山城址的发现，为探讨中国早期城市起源提供了依据，对研究华夏早期文明的起源也有着非常重要的意义。

今天的郑州是全国重要的铁路、航空、电力、电信主枢纽城市。当古老文明和现代文明融为一体，郑州变得更加魅力四射。

大同

　　大同是山西省省域副中心城市，曾是北魏首都，辽、金陪都。境内古迹众多，著名的文物古迹包括云冈石窟、恒山悬空寺等。1982年，大同被列为中国首批国家历史文化名城之一。

　　1600多年前，在中国北方，鲜卑族拓跋部一路南下，一直攻打到黄河流域，接着建立了政权——北魏王朝。398年，北魏皇帝拓跋珪迁都至平城，即今天的大同。从此大同作为北魏的都城，前后历经6任皇帝，达97年之久，成为当时中国北方的政治、经济、文化中心。

　　对于一座城市来讲，成为都城的影响相当大，不仅可以聚集全国的财富，也会成为统治阶层核心思想和信仰的聚集地。当时，北魏皇室受佛教的影响较大，建国后不久，就准备开凿大规模的佛教石窟。460年，北魏在大同市城西约16千米的山麓上，沿山开凿佛教石窟，这便是闻名天下的中国三大石窟之一——云冈石窟。云冈石窟的修建前后历时60余年，其造像气势宏伟，内容丰富多彩，

堪称5世纪中国石刻艺术的巅峰。同时，云冈石窟也是佛教传入中国后，第一个由皇室主持开凿的佛教石窟。

除了佛教，北魏皇室对于道教也颇为支持。北魏著名的天师道长寇谦之在去世前留下了一条遗训：要建一座空中宫观。为了满足他的遗愿，弟子们多方选址，意图修建一座"上延霄客，下绝嚣浮"的道观。皇室对此大力支持，大同悬空寺就是在这样的背景下修建而成的。

恰如其名字中"悬空"二字，悬空寺建在峭壁之间，背靠悬崖，悬空而建，脚下90米便是滔滔江水。悬空寺的选址之险、建筑之奇、结构之巧，堪称世界一绝。不过，悬空寺的原名是"玄空阁"，"玄"取自中国道教教理，"空"则来源于佛教教理，悬空寺也因此成为佛、道、儒三教合一的独特寺庙。此后1000多年，悬空寺一直是众多文人墨客向往之地。著名诗人李白游览后，在崖壁上写下"壮观"二字。明代地理学家徐霞客游历到此，忍不住叹道："天下巨观！"意大利考古专家尼诺在看过悬空寺后，赞道："仅仅是为了这座奇特的寺庙，就值得到中国来一趟。"

以悬空寺和云冈石窟为代表的北魏文化遗存，以及此后辽金、明清时期在大同留下的众多文明古迹，让大同拥有了相当厚重的历史文化底蕴。如今，大同又因丰富的煤炭资源被称为中国煤都。现代能源工业和文明古迹并存，这便是大同无可替代的魅力。

成都

　　成都平原自古被誉为"天府之国"，而成都是中国开发最早、持续繁荣时间最长的城市之一。2000多年前，成都曾是古蜀国的都城，留下的古蜀文明遗存相当丰富。13世纪时，意大利旅行家马可·波罗第一次来到成都之后，就在他的旅行日记中写道："成都是一个宏伟的大都会，就像它的名字一样。"

　　公元前311年，秦朝按照都城咸阳的建制，在成都建城，城周12里，高7丈。那个时候，成都还是一个水旱灾害十分严重的地方。每年岷江洪水泛滥，成都平原就会变成汪洋泽国；遇到旱灾，又常常颗粒无收。

　　公元前256年，秦昭王任命的蜀郡太守李冰下定决心治理当地水患。李冰与其子汲取前人的治水经验，率领当地人民修建了著名的都江堰水利工程。都江堰水利工程在

修建完成之后的2000余年里，一直灌溉着成都平原，使原本就气候温和的这里变得土地肥沃、物产丰富，因此有了"天府之国"的美誉。

唐代著名诗人杜甫曾在成都生活过3年多的时间，虽然成都只是他人生中的短暂一站，但却是他度过人生中最重要阶段的地方。在成都，杜甫的诗歌创作达到了最辉煌的时期，他也和家人度过了一段难得的快乐时光。今天成都的杜甫草堂就是当年杜甫居住的地方，里面依然保存着大量杜甫生活的痕迹，是中国规模最大、保存最完好、知名度最高且最具特色的杜甫行踪遗迹地。

在成都的街头巷尾，还有许多具有厚重感的历史文化街区，例如锦里、宽窄巷子，都具有非常鲜明的特色，彰显出成都这座古城深厚的历史文化底蕴。

厚重中原

天津

天津因漕运而兴起，从唐朝中叶以后，就一直是南方粮绸北运的重要水陆码头。到了明朝永乐二年（1404），天津正式筑城，它是中国古代唯一有确切建城时间记录的城市。

在中国很多古老的城市，人类生活史都可以追溯到5000年前甚至更久远的时候。天津因为紧靠渤海，5000多年前，这里的大部分地区还是一片汪洋。后来，随着气候变化，又经历了黄河等河流的泥沙千余年堆积，在距今4000多年前，天津退海成陆，最终成为一片平坦的陆地。

天津临海且河流众多，这给予了天津天然的水运优势，天津也因此成为古代漕运的重要枢纽。

漕运是中国历史上一项重要的经济措施。用今天的话来说，它是国家利用水道（河道和海道）调运粮食的一种专业运输方式。从东汉末年开始，在长达1000多年的时间里，天津都作为国家重要的漕粮转运中心而存在，但是一直都没有建立城市。

1400年，明燕王朱棣发动政变，在夺取皇位后，他正式将今天的天津地区命名为"天津"，取天子渡津之意。1404年，天津正式筑城并设立防卫，称"天津卫"。

19世纪中后期，清王朝摇摇欲坠，天津于1860年被辟为通商口岸。其后西方国家纷纷在此设立租界，天津因此成为当时北方地区重要的工商业城市和近代中国洋务运动的基地。西方各国在天津租界修建了大量西式风格的建筑，这让天津在建城600多年后，形成了中西合璧、古今兼容的独特城市风貌。

新中国成立后，天津被定为中央直辖市。随着城市的建设和发展，天津最终完成了从运输中心到现代大都市的转变。

商丘

　　商丘是华夏文明和中华民族的重要发祥地之一，是商朝最早的建都地，素有"三商之源""华商之都"之称，是商人、商品、商业的发源地，也是中国重要的历史文化名城。

　　中国人将做生意的人称为"商人"，将被买卖的货物称为"商品"，而这种以买卖方式使商品流通的经济活动被称为"商业"。这些名词，都与商丘有关。

　　距今2200多年前，今天的商丘地区活跃着一个相当富庶的部落——商部落。商部落的第七代首领叫王亥。王亥是一个极其聪明的人，成为部落首领后，他就在商丘驯养牛马，并发明了牛车作为运输工具。随着商部落的农业和畜牧业迅速发展，出现了农牧产品过剩的问题。为了解决这个问题，王亥和他弟弟决定与其他部落以物易物。他们从商丘出发，载着货物，赶着牛羊，到其他部落进行交易。后来外部落的人就称他们为"商人"。"商人"这个词，从那时起延续了下来，一直使用到今天。王亥因此成为"商人"的始祖，商丘也一直都是商贾云集之地。由于这样的历史渊源，许多海内外商人还会千里迢迢甚至漂洋过海来到商丘，祭祀商祖王亥。

　　"三商之源"是商丘最亮眼的名片。在悠久的历史中，商丘还积累了相当丰富的文化遗产。商丘诞生过很多经典的传说故事，比如著名的"庄周梦蝶""守株待兔""拔苗助长"等，都发源于商丘。商丘还有"曲艺之乡"的美誉，产生于商丘和流入商丘的曲种名目，有据可查的有近20种。

　　如果想追寻华夏文明的起源，中国重要的历史文化名城商丘是必不可少的一站。

承德

　　承德有许多世界之最，最出名的要数世界最大的皇家园林——避暑山庄；围绕着避暑山庄，还有世界最大的皇家寺庙群——外八庙；在其中的一座寺庙普宁寺里，有世界最大的木制佛——千手千眼观世音。而承德古称"热河"，这一名称取自世界最短的河流——热河。

　　提到承德，就一定离不开避暑山庄这座世界现存最大的皇家园林。如今它依然屹立在承德市区内，向世人展现着它典雅庄重的魅力。

　　实际上，承德地区从有文字记载起一直到清朝初期，都只是一个默默无名的小村落。直到1703年，清朝康熙皇帝选中在承德建立行宫，避暑山庄由此兴建。

　　康熙时期，避暑山庄建了整整10年。在这期间，工人们开拓湖区，建设宫殿、宫墙，使避暑山庄初具规模。康熙皇帝选了36处园中佳景，以"南山积雪""梨花伴月"等新颖别致又富有诗情画意的名字，为它们命名，并亲自题写匾额。

　　到了乾隆一朝，乾隆皇帝又花了十几年的时间，对避暑山庄进行了大规模的扩建，增建宫殿和多处精巧的大型园林建筑。有意思的是，乾隆为了效仿其祖父康熙，又命名了"系菱渡""观莲所"等36处佳景，并题写匾额。两者合称"避暑山庄七十二景"，成为避暑山庄内最吸引人的景点。

　　清朝初年，清政权为加强对蒙藏地区的统治、巩固国家统一，对当地少数民族实行怀柔政策。避暑山庄自1708年正式开始使用以后，皇帝每年都要在此长期居住，大批蒙藏地区的少数民族首领都要到承德谒见皇帝。清廷在避暑山庄东北方向建造了8座寺庙，即外八庙，为少数民族

的首领和宗教领袖提供佛事活动场所。

　　避暑山庄及外八庙的兴建经历了康熙、雍正、乾隆三朝，历时89年。在三代帝王的投入下，避暑山庄成为世界上最大的皇家园林，规模大约相当于八座故宫。也正是因为三代皇帝对于避暑山庄的营建，让承德进入了快速发展时期。当时很多王公大臣和文人雅士都争相在承德建造府邸宅院，承德的商业随之兴盛，酒楼茶铺鳞次栉比。

　　"承德"两个字的由来，也是源于这一时期。康熙时期，承德还叫热河，其名源自避暑山庄内的温泉。随着行宫的长期使用，雍正皇帝认为热河承受了先祖德泽，于是将热河改名为承德。到了乾隆时期，承德的地位随着帝王的重视进一步提升，在当时仅次于都城北京，有"塞外京都"之称。

平遥

　　平遥历史悠久，有2700多年的历史，是山西省的文物大县，现在保存有300多处古迹。1997年12月，平遥古城被联合国教科文组织列为世界文化遗产。

　　在山西省晋中市平遥县境内，有一座拥有2700多年历史的古城。它是中国境内保存最为完整的一座古代县城，也是世界上现存的唯一一座完整的中国汉民族古代城市，它就是平遥古城。

　　平遥古城还有一个响当当的名头，就是"古代中国华尔街"。1824年，中国第一家票号（即古代专门经营汇兑业务的金融机构）——日升昌票号，诞生于平遥县城内繁华的西大街，票号占地面积达1600多平方米。当时，设在平遥的票号一共有20多家，占了全国票号的40%多，晋商独一无二的商业能力让人叹服。而日升昌票号是其中的佼佼者，其分号遍布全国30余个城市，甚至远及欧美、东南亚等地，以"汇通天下"著称于世。日升昌票号开创了古代中国民办银行业的先河，并且一度操纵着整个清王朝的经济命脉。日升昌票号的总部所在地平遥西大街，也因此被誉为"大清金融第一街"。

在平遥古城，有很多雄伟的建筑都与银行业有关。而在那些保存完好的古老大宅院里，还依稀能看到昔日富庶晋商的生活状态。

平遥古城有各类遗址、古建筑达300多处，保存完整的明清民宅近4000座。古城内的街道、商店和民居，依然保持着传统的布局与风貌。古城城墙巍峨雄伟，城楼、角楼、点将台、护城河全都保存完好。当地居民就生活在其中，平遥也因此被称作研究中国古代城市的活样本。

对于平遥，世界遗产委员会曾给出过极高的评价：平遥古城建于14世纪，是现今保存完整的汉民族城市的杰出范例。其城镇布局集中反映了5个多世纪以来中国的建筑风格和城市规划的发展，为人们展示了一幅非同寻常的文化、社会、经济及宗教发展的完整画卷。

曲阜

　　曲阜是中国儒家学派创始人孔子的故乡，文物古迹众多，大部分都与孔子和儒家文化有关。由于曲阜是孔子故乡、黄帝生地、神农故都、商朝故国、周汉鲁都，是东方文明重要的发祥地，所以被称为"东方圣城"。

　　在山东曲阜，有一座全国最大的孔庙。孔庙，即祭祀中国古代著名思想家和教育家孔子的祠庙。在中国，孔庙几乎遍布全国各地，曲阜的孔庙之所以特殊，除了规模最大以外，还因为它是以孔子故居为庙进行奉祀。

　　孔子出生在曲阜，曲阜也因孔子名扬天下。春秋战国时，这里是鲁国的国都。孔子在世时周游列国，但曲阜是他生活最久的地方。他曾在曲阜开设讲坛，广传思想。73岁时，孔子在曲阜去世。

　　孔子去世后的第二年，鲁国国君为了纪念孔子的功德，便下令在他居住过的宅院立庙。孔子的后人将孔子穿过的衣物、乘过的车、用过的琴等遗物都收集到孔子生前的居所内，以追慕悼念。在这之后，由于儒家思想在中国古代主流思想中逐渐占据主要位置，曲阜孔庙越发受到历朝历代统治者的重视。2000多年来，曲阜孔庙几次遭遇战火，又历经无数次扩建修复，终于达到了现如今九进庭院的宏大规模。

　　曲阜孔庙见证了中国封建社会2000多年的发展历程，它所留下的丰富遗存，更是为研究儒家文化、历史建筑等提供了重要的依据，曲阜孔庙也因此在1994年被联合国教科文组织列为世界文化遗产。

　　孔子与曲阜千丝万缕的联系，不仅仅体现在孔庙，紧挨着孔庙，还有孔府和孔林。孔府是孔子后人居住的地

　　方，而孔林则是孔家的墓葬群。孔林的规模相当大，占地200万平方米，有坟冢10万余座。

　　孔庙、孔府、孔林并称"三孔"，它们使曲阜成为历代儒客朝拜的圣地。"三孔"厚重的文化积淀、悠久的历史、宏大的规模和丰富的文物遗存，也让曲阜成为东方文化重要的发祥地之一。

富庶华东

上海

　　上海拥有深厚的近代城市文化底蕴和众多历史古迹。江南传统文化与西方传入的城市文化相融合，形成了上海特有的海派文化。

　　上海，中国经济最发达的城市之一。在这个地方，高楼大厦、车水马龙，充斥着大都市的繁华和喧嚣，这似乎让上海和古城二字没什么联系。但其实上海也是中国著名的历史文化名城，千百年历史留下的那些风雅别致的古街道、大量保存完好的古建筑，星星点点散布在这座城市中。

　　上海城隍庙在国内外享有盛名。这座已有600多年历史的道教宫观，坐落于上海市繁华热闹的豫园景区内。城隍又称城隍爷，是中国民间百姓和道教信徒信奉的守护城池之神，通常是由有功于地方民众的名臣英雄来充当。简

单来说，就是当地百姓希望城隍神可以保护一方城市平安。上海的城隍庙始建于明朝，作为供奉地方保护神的庙宇，它与上海百姓的生活密切相关。城隍庙和其所在的豫园景区已发展成为上海标志性的商圈之一，是外地游客必去之地。

上海还有许多保留下来的古镇，朱家角古镇就是上海四大历史文化名镇之一。朱家角古镇的历史可以追溯到1000多年前。一开始，朱家角只是一个普通的小村子，由于所在位置水运交通非常便利，商业便慢慢发达起来。到了明朝时，朱家角已经成为一个商业大镇。经济的繁荣也带动了朱家角文化教育事业的发展，仅明清两代，这里就一共出了进士16人、举人40多人，其中包括清代学者王昶、小说家陆士谔、报业巨子席裕福等。这些著名的文人学者，为上海留下了丰富的文化遗产。

上海的近代史是一段让上海别具特色的历史。鸦片战

　　争后，西方列强纷纷在上海建立租界地，其中黄浦江畔外滩一带被划为英租界。英租界从1845年11月开始设立，到1943年8月结束，历时近百年，是上海开辟最早、存在时间最长、面积最大的外国租界地。租界开辟后，外国的银行、商行、总会等开始在此云集，外滩逐渐演变成为全中国乃至远东的金融中心。如今，外滩依然保存着大量完好的英租界建筑和历史遗存。矗立在这里的52幢风格各异的大楼，使外滩拥有"万国建筑博览群"之称。它们是旧上海"十里洋场"的真实写照，是中国近现代历史的重要见证。近代西方城市文化与中国传统文化相融合，形成了上海特有的海派文化。

绍兴

千年古城绍兴，以孕育了众多历史名人而闻名。绍兴历史悠久，底蕴丰厚，具有典型的中国江南水乡特色。

绍兴具有2500多年的建城史，优越的地理位置和自然条件，使绍兴很早就在历史舞台上大放异彩，并孕育出了许多著名的人物。

相传上古时代夏朝开国君王和治水英雄大禹就是在绍兴娶涂山氏为妻，但新婚第四日，他就离开家，开始了长达13年的治水工程。每年谷雨，绍兴都要举行隆重的祭禹大典，开展守禹陵、奉禹祀等活动，历时千年，承传不绝。

春秋时期的越王勾践是绍兴古城发展史上的一位重要人物，他的故事千百年来被人们不断传颂。大约2500年前，越国攻打吴国兵败，越王勾践被囚吴国3年，回到越国后，他励精图治，卧薪尝胆。带着振兴国家的宏大抱负，勾践和近臣范蠡经过慎重商议，把都城迁到了水乡

平原上。这座城市当时被称为"会稽"，南宋时更名为"绍兴"。

绍兴城的设计充分考虑了战争的需要，是越国重要的军事堡垒。同时，设计者充分利用了城址上原有的山岗、河流等自然物，综合考虑了城市交通、防御、拓展等战略需要，堪称古代城市规划的经典之作。现如今，绍兴古城内很多古建筑依然保存完好，是体验古越风情的绝佳去处。

鲁迅故里也是绍兴的一张名片。鲁迅在中国现代文学

　　史上占据着十分重要的地位，他的童年时光是在绍兴度过的。从"百草堂"到"三味书屋"，这些他笔下的童年记忆，都成为绍兴独具特色的历史文化景点，也是游客在绍兴游览的必去之地。

　　在绍兴，坐着乌篷船穿河而过，喝一口绍兴黄酒，逛一逛绍兴古城和名人故居，小桥流水，幽幽古道，比起其他江南水乡的缠绵多情，绍兴因其厚重的历史感，又多了一些与众不同的风骨。

苏州

　　苏州是一座具有2500多年历史的古城，与杭州齐名，拥有"上有天堂，下有苏杭"的美誉。苏州位于长江三角洲地区，城区河道纵横，园林密布，集中了中国江南园林建筑的精华，又被称为"世界园林之母"。

　　苏州不仅是一座历史文化名城，具有悠久的历史和深厚的文化底蕴，同时还拥有"园林之城"的美誉。

　　古时，许多著名的文人游历到苏州，都被这里的江南美景深深吸引，不由得纷纷吟咏称赞。唐朝著名诗人白居易曾任苏州刺史，对苏州有着相当深厚的情结，他笔下称赞苏州的诗就有20多首，离任多年后，仍对苏州念念不忘。宋朝诗人范成大在《吴郡志》中写道："谚曰'天上天堂，地下苏杭'。"

　　苏州的"天堂"魅力，大多要归功于苏州城内绝美的古典园林建筑。苏州的私家园林最早建于公元前6世纪，那时便有了吴王的园囿。到了明清最繁盛时，苏州城内外共有园林200多处，其中最有名的要数拙政园。

　　拙政园是苏州最大的古典园林，具有非常典型的江南园林特色。拙政园始建于明正德年间（1506—1521），当时一位名叫王献臣的御史因官场失意而还乡，以大弘寺址拓建为园。王献臣死后，他的儿子因赌博，将园子一夜之间输给了一个姓徐的人。从这以后的400多年间，拙政园几度分合、几经易主，或为私人宅园，或为王府府邸，留下了许多遗迹和典故。如今，以拙政园为代表的多座苏州古典园林，都已被列入世界文化遗产名录。

　　除了园林文化，苏州还是吴文化的发祥地。公元前6世纪中叶，吴王长子阖闾继承政权后，在苏州建造了周长

47千米、有水陆城门8座的"阖闾大城"。直到今天，当年那8座城门的名字还在使用。这8座城门中，保持较为完整的是元代重建的盘门，它是全国唯一保留完整的水陆并列古城门。

　　苏州古城悠久的历史，为后人留下了众多的名胜古迹，其古朴典雅之美，让苏州成为江南地区一颗璀璨的明珠。

扬州

扬州是中国古代最繁华的商业城市之一，历史悠久、文化昌盛，因其处于京杭运河和长江的交汇处，又有"中国运河第一城"的美誉。清朝康乾盛世时期，扬州成为当时世界上拥有50万以上居民的10个大城市之一。

扬州是隋炀帝最喜爱的城市。隋炀帝在位期间，多次耗巨资修建豪华游船，沿大运河下扬州游玩。虽然隋炀帝的急功近利导致他滥用民力、竭尽国力，加速了国家的灭亡，但是他下令修建的大运河，将黄河、淮河、长江、钱塘江与海河五大水系彻底联通起来，打通了纵贯南北的"血脉"，为之后大一统国家的建立奠定了基础。而扬州正处在连接黄河流域和江淮流域的中心点上，这一地理位置优势使扬州迅速崛起，成为重要的水运枢纽城市。

唐朝时期，扬州依托大运河和长江，成为南北物资的重要集散地。与此同时，扬州还是陆上丝绸之路与海上丝绸之路的交汇点，许多运往海外的物资也都在扬州进行中转集散。因此，扬州堪称中国古代的国际贸易中心。

　　扬州的建城历史最早可追溯到公元前486年。悠久的历史与繁荣的经济，让扬州不仅拥有昌盛的文化，还留下了众多名胜古迹。有人甚至这样点评扬州：“唐宋元明清，从古看到今。”

　　同苏杭相似，扬州也有很多江南水乡特有的古典园林建筑。个园是扬州园林的代表。这座清朝盐商的私家园林，以遍植青竹和叠石艺术而闻名天下。穿行在个园，可以依稀感受到300多年前富甲一方的盐商们的生活影像，让人不由得感叹当时扬州商人的富足和中国古代建筑的精巧。

　　扬州是名副其实的千年古城，其繁华富庶的经济和绝美的山水风景，让历史上众多王公贵族、商贾大户纷纷定居于此。这里也是令众多文人墨客为之倾倒的城市，李白咏出的“烟花三月下扬州”，吸引着一代又一代文人来到扬州，找寻江南的诗意和繁华。

徐州

　　徐州有6000多年文明史，在这里诞生过11位开国皇帝，其中影响最大的要数汉高祖刘邦。刘邦建立汉朝，使徐州成为两汉文化的发源地和重要保存地。

　　有着6000多年历史的古城徐州曾经英雄辈出，演绎过一幕又一幕惊心动魄的传奇故事。在徐州历史兴衰中，两汉文化的影响十分深远。提到两汉文化，就不能不提汉高祖刘邦。刘邦出生于公元前256年，徐州沛县人氏。布衣出身的刘邦凭借过人的智慧和勇敢，在面对楚霸王项羽时，反败为胜，最终建立了长达400余年的中国历史上最长的统一王朝——汉朝。刘邦是名副其实的两汉文化的开创者。

　　徐州有"汉代三绝"，即汉兵马俑、汉墓以及汉画像石。刘邦登基后，把徐州作为一个封国分封给刘氏皇族子孙。分封在此处的王子皇孙称为"楚王"或"彭城王"，两汉时期共有18位。而刘氏的后代，几乎都厚葬于徐州附近。徐州的"汉代三绝"，与这些墓葬群密切相关。

　　汉兵马俑，就来自最著名的汉王墓——狮子山楚王墓。1984年，人们在徐州狮子山上意外发现了汉代兵马俑，这意味着海拔仅有61米的狮子山很可能隐藏着一座宏大的王陵。一开始寻找陵墓并不顺利，在6年时间里，考古人员进行了3次规模浩大的找墓工作，可收获甚微。但考古人员没有放弃，后来，当地农民对他们透露了一个极其重要的信息：山上以前有家老房子里有个红芋窖。考古人员敏锐地意识到，因为狮子山上积土不厚，如果有地窖，那么这个地方的积土层必定很深，这只有一种解释，这些土一定是"墓土"。考古人员顺藤摸瓜，一个轰动世界的地

下宝藏终于展露出神秘的一角。

楚王陵规模之大，全国罕见，宏大的地下玄宫几乎把山体掏空。它是徐州地区所有汉代陵墓中规模最大、保存最好、出土文物最多、历史和文物考古价值最高的一处特大型汉墓。楚王陵真实呈现了汉代王室的生活场景，也为现代人研究汉朝文化提供了翔实的依据。

这些庞大的两汉文化遗存，使徐州不仅成为汉文化的发源地，更成为汉文化资源的重要保存地。俗话说"两汉文化看徐州"，悠久的历史和深厚的文化底蕴，都是徐州宝贵的无形资产。再加上徐州曾诞生过11位开国皇帝，这更让徐州的历史披上了一层神秘的面纱。

景德镇

　　景德镇曾是中国古代制瓷业的中心，因瓷器制造而闻名世界，有"世界瓷都"的美誉。在海上丝绸之路最为繁盛的时期，景德镇是中国对外贸易中出口商品数量最大的城市。

　　中国的英文名称China，除了代表国家名称，还有另外一个意思，那就是瓷器。在成书于1—2世纪的西方文献中，中国所在地被称为"丝国"（拉丁文：Sinae），主要原因是那个时候中国通过丝绸之路向欧洲运输的主要物品就是丝绸。再后来海上丝绸之路开辟，瓷器开始成为销往海外的最主要的货品，瓷器在国内外的地位也逐渐攀升。17世纪，英国人直接用chinaware（中国货）指称中国瓷器，后来china又有了瓷器之意。

　　景德镇就是在这样的历史背景下，成为中国制瓷版图上熠熠生辉的明星。景德镇生产瓷器有上千年的历史，所产瓷器种类也非常丰富。在景德镇瓷器成名之前，中国瓷器种类已经相当繁多，制作技艺精良，工艺水平高超，南方、北方生产的瓷器各有特色，窑口数不胜数，各类瓷器争奇斗艳，百花齐放。那么，景德镇瓷器是如何脱颖而出的呢？

在唐朝前期和中期，景德镇还只是一个普通的瓷器产地。但到了唐末，天下大乱，群雄并起，连年战乱导致大部分地区的瓷器生产受到毁灭性的打击，而景德镇因为并非兵家必争之地，幸运地躲过了战乱，在保留自身生产能力的同时，还接纳了来自全国各地的流亡的陶瓷业能工巧匠。

随着生产力的大大提高，景德镇陶瓷开始进入飞速发展阶段。10世纪，景德镇除了生产青瓷，同时还开始烧制白瓷。中国的瓷器分布一直都有"南青北白"一说，景德镇可以同时生产青瓷和白瓷，这意味着它的竞争力迅速增强。从自然条件来说，景德镇出产的高岭土又细又白，杂质少，占据了先天的原料优势，生产出来的白瓷洁白如玉，质量上乘。不过这个时候，生产白瓷最好的窑区是河北邢窑，景德镇还算不上之最。

景德镇瓷器真正被重视是在宋朝真宗时期，景德镇的名字就是宋真宗所赐。当时，宋真宗十分喜欢景德镇的青白瓷，而他的年号正是"景德"，"景德镇"由此得名并一直沿用到今天。到了元代，景德镇真正进入辉煌时期，它不仅承担了皇室瓷器的烧制任务，还烧制出了最为经典的瓷器品种——青花瓷。

青花瓷的出现和成熟，彻底奠定了景德镇"瓷都"的地位。从这以后的几百年间，景德镇一直是皇室的御用窑区，同时也是海上丝绸之路贸易中出口瓷器的主要生产地。今天，我们依然能在景德镇御窑厂遗址体验到当年它的辉煌。

歙县

　　歙县是徽州文化的发源地，也是徽商、徽菜的主要发源地，还是文房四宝之徽墨、歙砚的主要产地。

　　在安徽南部，有个并不算大的县城，背靠黄山，有着2200多年的历史，是中国徽文化的发源地，这就是歙县。

　　歙县有文字记载的历史可以上溯到公元前221年。秦始皇统一六国以后，分天下为三十六郡，歙县属会稽郡。到了1121年，宋徽宗设徽州府，下辖六县，府治便在今天的歙县县城。此后800多年，歙县一直是徽州地区的政治、经济、文化中心。

　　千百年来，古徽州人建造了大量建筑精品，为歙县留下了丰富的文化瑰宝。徽州古城就是其中之一，它也是中国保存最完好的四大古城之一。徽州古城一直是徽郡、州、府治所在地，因此，县治与府治同在一座城内，形成了"城套城"的独特风格。古城城门、古街、古巷、园林、府衙、宅院均保存完好，时至今日，我们还能看到唐宋时期修建的400多座牌坊。

　　当然，歙县的徽文化不止体现在古建筑中。千年的文化底蕴早已渗透到人们的生活中，今天依然是歙县人的主流文化。

　　歙县还是著名的徽墨之乡和歙砚之乡。徽墨落在纸上如漆一般，色泽黑润，很长时间都不会褪色，并且香味浓郁，是书画家必备佳品，上等徽墨更曾经是宫廷贡品。歙砚是中国四大名砚之一，用歙砚石制成的砚台，"涩不留笔，滑不拒墨，瓜肤而縠理，金声而玉德"，被历代文人所追捧。南唐后主李煜便对其赞不绝口，称"歙砚甲天下"。

　　除了文房四宝，徽菜、徽商也都打着深刻的徽文化烙

印。徽商是中国三大商派之一，明清时期徽商曾横扫商界，成为著名商帮，独领风骚500年。"无徽不成商，无徽不成镇"，就是对徽商辉煌时期的真实写照。徽菜以咸鲜为主，突出本味，讲究火功，注重食补，在中国饮食中独具一格、自成一体，是中国八大菜系之一。

"徽学"被誉为与敦煌学、藏学比肩的中国三大地方学之一，由此可见徽文化在中国历史文化中的地位。歙县正是因为独树一帜的徽文化，成为中国著名的历史文化名城。

福州

　　福州的建城史，最早可上溯到公元前202年无诸建立闽越国，建都冶城，其地理位置就在今福州冶山一带。1986年12月，福州被列入第二批国家历史文化名城。千百年来，它一直是中国东南沿海重要的贸易港口和海上丝绸之路的门户，同时也是重要的地域文化中心。

　　福州是一座拥有2200多年历史的城市，因境内有座福山而得名。悠久的闽都文化与深厚的历史底蕴，使福州成为福建地区重要的文化中心。

1954年1月，福州昙石村村民在修堤取土时，偶然发现土中有大量的白色蛤蜊壳堆积。后经考古学家发掘，共发现墓葬89座、陶窑9座、壕沟2条，出土了大批的陶器、石器、骨器和玉器。经确认，这是一处距今约4000—5000年原始社会晚期的公共氏族墓地。昙石山遗址的发现，揭开了不为人知的先秦闽族文化的神秘面纱，福建地区的文明史也由原来的3000多年向远古大大推进了一步。

福州是古代海上丝绸之路的重要门户。早在西汉武帝时期，福州就是主要的对外贸易口岸之一。海上丝绸之路发展起来以后，福州成为海上丝路最早的起点之一，大量的丝绸、瓷器、茶叶等物品从这里出发，跨越海洋，远销异域他乡。

三坊七巷是福州最具人文气息的宝地，也是名人商士辈出之地。三坊七巷起源于晋朝时期，完善于唐五代，到明清达到鼎盛，近代更是闻名遐迩。古老的坊巷格局到现在依然保留完整，被誉为中国仅存的"里坊制度活化石"。坊巷内保存有200多座古建筑，有着"中国明清建筑博物馆"的美称。

除了建筑，三坊七巷最让人津津乐道的还是从里面走出来的那些著名人物。清末著名的民族英雄林则徐就生活在三坊七巷，林则徐祠堂如今也设在这里。此外，还有严复、林觉民、沈葆桢、冰心、林徽因……从这里走出来的政治家、文学家、企业家不胜枚举，三坊七巷也因此成为"闽都名人的聚居地"。如今三坊七巷里依然有着很多名人故居，有人这样评价它："一片三坊七巷，半部中国近代史。"

泉州

　　泉州历史悠久，城市历史可上溯到公元前先秦时期，在宋元时达到空前繁荣，与广州、明州（今宁波）、扬州并称为中国古代四大港口。

　　在《马可·波罗游记》中有这样一段描写："在刺桐城有一个海上港口，大量印度商船云集此处，满载非常值钱的商品，如价值连城的宝石和体积大质量好的珍珠。在这个商埠，宝石、珍珠等商品贸易的壮观景象，的确令人吃惊。而且，我要告诉你们，假如有一只运载胡椒的船前往亚历山大港，或者其他基督教国家，按比例而言，必定就会有一百多只船的胡椒运到这刺桐港。如此多的商人和商品聚集在这个城市，几乎让人难以置信。你也许知道，这是世界上两个最大的港口之一，大批商人云集于此，货物堆积如山，买卖的盛况令人难以想象。"

刺桐城就是泉州的古称。这座城市在历史上的繁荣，给世界留下了非常震撼而深刻的印象。

泉州处于东海与南海的交界处，海域宽阔，水深不冻且可避风，全年平均雾日数6.8天。优越的地理条件使泉州在公元10世纪以后迎来了飞速的发展。宋元时期是泉州的鼎盛时期，作为海上丝绸之路的起点，泉州逐渐成为古代东方第一大港口，马可·波罗就是在这一时期来到泉州的。在贸易的带动下，到泉州经商、传教、创业甚至长期居住的外国人数以万计，如今在泉州依然可以看到当年外国人盖的宅院、店铺，建的教堂和庙宇。繁荣的经济与开放的文化，使泉州成为当时声名远播的国际大都市。

海外贸易改变了中国人的生活，也彻底改变了泉州。作为历史上世界性的经济重镇，泉州曾经的繁荣渗透进城市的点点滴滴。虽然随着中国封建社会末期海外贸易被禁止，泉州的繁荣逐渐散去，但这并不影响它在中国历史上的重要地位。

古风中南

武汉

　　武汉是楚文化发祥地，距今已有2500多年历史。1911年10月10日，革命党人在武汉三镇中的武昌发动起义，打响了辛亥革命的第一枪，武汉也因此成为中国民主革命的重要发祥地。全市现有名胜古迹339处、革命纪念地103处。

　　武汉最早的城市历史可以上溯到公元前3500年。在武汉市黄陂区盘龙湖畔，坐落着一座商代古城遗址——盘龙城遗址。3500多年前的殷商盘龙文化，被专家学者论证为"华夏文化南方之源，九省通衢武汉之根"，意即盘龙文化是武汉乃至中国整个长江流域的文化之源。

　　商周之后，楚文化兴起。春秋战国时期，楚国是一个

领土广阔、实力强大、经济发达的诸侯国。鼎盛时期，楚国疆域不断拓展，大大促进了民族的融合，楚文化也因此渗透到以长江为轴线的中国广大南方地区。楚文化对其后2000多年的中华文化产生了深远影响，而武汉就深处楚文化腹地。

武汉别称"江城"，这　得名自然与它紧邻长江不无关系，但最早称它为"江城"的是自称"楚狂人"的李白。他在《与史郎中钦听黄鹤楼上吹笛》中写道："黄鹤楼上吹玉笛，江城五月落梅花"，"江城"的名字由此而来。

关于黄鹤楼，李白的另一首诗歌《黄鹤楼送孟浩然之广陵》更是广为流传。黄鹤楼不仅得到李白的格外偏爱，它还是中国古代众多文人墨客笔下的"天下第一楼"。黄鹤楼与江西南昌的滕王阁、湖南岳阳的岳阳楼一起被称为

"江南三大名楼"，享有"天下江山第一楼"和"天下绝景"之称。黄鹤楼也是武汉的标志性建筑，历代文人墨客在此留下了许多绝唱，使得黄鹤楼声名远播。

除了悠久的古代历史，武汉在中国近代历史上同样写下了浓墨重彩的一笔。1911年10月10日夜晚，旨在推翻清王朝帝制的武昌起义爆发，这场起义成为辛亥革命的起点。辛亥革命对中国近代历史意义重大，它不仅推翻了封建帝制，还开启了民主共和的新纪元，以巨大的震撼力和影响力推动了中国社会变革。

武汉是一座革命气息浓厚的城市，今天，依然有众多的革命遗址、历史名人故居提醒着后来人，曾有多少先烈为今天人们的幸福生活作出了巨大的贡献和牺牲。

荆州

荆州古称江陵，是中国首批历史文化名城之一，其建城史长达3000多年。荆州历史悠久、文化灿烂，曾作为楚国的都城长达411年，是楚文化重要的发祥地之一，同时也是三国文化的中心。

公元前689年，楚文王迁都于郢（今荆州市荆州区纪南城）。此后，荆州作为楚国政治、经济、文化中心长达411年，历经了20位楚王，滋养了影响巨大、灿烂辉煌的楚文化。荆州在楚国的发展带动下日益繁荣，再加上地理位置险要、能攻可守，逐渐成为中南地区举足轻重的战略要地。到了三国时期，荆州更成为群雄逐鹿之处。

关于三国和荆州有着说不完的故事，荆州城是会让每一个了解喜欢三国历史的人都激动不已的地方。在三国故事里，从三分天下到归于一统，都与荆州息息相关，一部三国历史，甚至似乎更像是荆州的争夺史。荆州古城的古城墙，历经2000多年依然保存完好，巍峨耸立，让人不由幻想：如果真想去亲眼看看三国纷争的金戈铁马，那荆州就是穿越的入口。

　　三国历史只是荆州历史中灿烂的一瞬，从春秋战国到五代十国时期，先后共有6个朝代的34位帝王在此建都。同时，它还诞生了大量的历史名人。从荆州走出去的宰相就多达100余位，著名诗人、政治家屈原，药圣李时珍等也都来自荆州。

　　"禹划九州，始有荆州"，这座古老而沧桑的城市，在3000多年的历史洪流里，积淀了宝贵的精神文化财富。今天的荆州，古韵文化和现代文化交相辉映，散发着迷人的风采。

长沙

　　"长沙"作为地名最早出现在3000多年前的西周时期，它是中国历史上保持城址不变时间最长的城市之一，被誉为"楚汉名城"，同时也是近代革命圣地。长沙地下文物丰富，史迹遍布，是国家首批历史文化名城。

　　3000多年间，在中国大地上曾兴起过很多城市，但随着朝代更替、时光流逝，它们大部分都湮灭在历史长河里，而地处华中地区的长沙，数千年来名称未变、城址未变，是中国历史上保持城址不变时间最长的城市之一。

　　"长沙"这一名字始于西周，到了春秋战国时期，长沙已经发展成为楚国重镇，是楚国雄踞南方的战略要地。西汉时期，长沙国的出现，使长沙第一次成为王国都城。从此，"楚南雄镇"发展为汉藩王都，长沙开始以"楚汉名城"显名于世。

　　在中国历史上存在的众多诸侯国中，长沙国其实并不算耀眼，自公元前202年建立至公元7年被废除，共存在209年。长沙国由吴氏建立，关于第一代长沙王吴芮的故事，大多存在于典故和传说里。1971年在长沙马王堆进行的一场考古挖掘，偶然将长沙国初期的真实面目呈现在世界眼前。

　　1971年，当地人在马王堆的两个小山坡施工，施工中经常遇到塌方，用钢钎进行钻探时，从钻孔里冒出了呛人的气体，有人用火点燃，竟然出现了神秘的蓝色火焰。专家认定，小山坡下面是一个古老的墓葬。随着考古工作队对这个神秘墓葬的发掘，被誉为"世界十大古墓"之一的马王堆汉墓，在沉睡了2000多年后就此现世。

　　马王堆汉墓的主人，是长沙国初期的丞相轪侯利苍及

其妻子辛追和儿子利豨。2000多年来，马王堆汉墓从未被盗，保存的完好程度令人惊叹。墓室中琳琅满目、层层叠叠的陪葬品数不胜数，甚至还有2000多年前的一锅藕片。最令人惊奇的是，考古学家打开辛追夫人的棺木时，发现这具女尸栩栩如生，关节可以活动，软组织还有弹性，器官全部保存完好，胃里还有未消化的甜瓜籽。马王堆汉墓的发现，为研究汉代初期殡葬制度、手工业和科技的发展，以及长沙国的历史、文化和社会生活等，提供了重要的依据。

到近现代，长沙这片土地上同样发生过许多风云激荡的故事。100多年来，这里走出了以曾国藩、左宗棠为首的湘军集团，更走出了以毛泽东为代表的无产阶级革命家。他们叱咤风云，各领风骚。岳麓书院、橘子洲、爱晚亭……都曾留下过革命的印记。

3000多年的根基与近现代的辉煌，都是长沙文化的代表，也是长沙的灵魂。

广州

　　广州又名"五羊城"，文物、遗址众多。广州自秦汉时就是繁荣都会，汉唐以来是海上丝绸之路的始发港，清朝时曾是中国唯一对外开放的港口，后来也成为中国最早的对外通商口岸。

　　广州别称"五羊城"，关于这个名字有一个美丽的传说。相传周朝时，广州连年灾荒，民不聊生。一天，南海上空飘来五朵彩色祥云，上面有骑着仙羊的五位仙人，仙羊口中衔着五色稻穗，仙人将五色稻穗赠予广州百姓，祝福此地永无饥荒。说完后，五位仙人便腾空而去，五只仙羊则变成了石头，留下来保佑广州风调雨顺。百姓为了感谢仙人和仙羊，就在他们留守的地方建造了"五仙观"。于是，广州就有了这个有趣的别称。2010年广州承办亚运会，便参考了这个传说，将"五羊"定为广州亚运会的吉祥物。

　　虽然传说不能当真，但是广州的历史的确悠久，2000多年的历史使这座城市遍布文物、古迹。它不仅是现代、繁华的沿海大都市，也是一座古韵气息浓厚的历

史文化名城。

　　广州最早称"楚庭"，到了226年，吴王孙权将其命名为"广州"，这一名称沿用至今。古代广州由于面朝南海，海外交通和贸易发达，逐渐发展成为中外文化交流的前沿。作为海上丝绸之路的始发港之一，中国的丝绸、陶瓷、茶叶及文化典籍等，源源不断地通过广州流向海外，而外国的特产、宗教以及近代科学知识，也通过广州传入中国腹地。六朝时期，来自印度的佛教高僧就曾从海道通过广州进入中国腹地传教建寺；唐朝时，伊斯兰教通过广州传入中国腹地；几百年后，基督教、天主教也都经由广州传入中国腹地。因此，今天广州仍保存着许多著名的宗教文化遗迹，如光孝寺、清真先贤古墓、南海神庙等，这些都是广州作为中外文化交流枢纽的鲜明印记。

桂林

"桂林山水甲天下"，桂林因独特的山水美景闻名遐迩，除此之外，桂林还是一座建城2100多年的古老城市，是华夏文明的重要发祥地之一。

桂林是世界上唯一具有3处万年古陶遗址的城市，也是目前中国发现洞穴遗址最丰富、最集中的城市之一。这3处万年古陶遗址即大岩遗址、甑皮岩遗址和庙岩遗址。其中，甑皮岩遗址距今约1.2万年至7000年，是华南地区新石器时代早期的代表性遗址。甑皮岩遗址出土陶器所使用的"双料混炼"技术，将先民们上万年前的智慧完美地呈现于今人面前。

桂林因当地桂树繁多而得名，早在秦朝时期，就已经被称作桂林郡。公元前3世纪，秦始皇为统一中国南征北

战，南下征服百越时，取道湘桂走廊。为了及时为南下大军提供补给，秦始皇命人在今天的桂林市兴安县境内开凿灵渠，并在附近修建关隘、筑城屯兵。灵渠在公元前214年正式建成通航，成为世界上最古老的运河之一。灵渠的修建打通了南北水上通道，为秦王朝统一岭南地区提供了重要的交通运输保障。大批粮草经水路运往岭南，在充足的物资供应之下，秦军顺利攻克岭南。秦始皇随即下令设立桂林、象郡、南海三郡，将岭南正式纳入秦王朝的版图。

桂林正式有独立建制是在汉武帝时期。公元前111年，汉武帝在桂林设始安县，这标志着桂林开始有独立行政建制，这也是桂林建城2100多年的由来。

由于独特的地理环境，桂林成为中原文化与岭南文化的结合之地。千百年来，多种文化在桂林相互交融，使桂林不仅拥有动人的山水美景，还积淀了深厚而丰富多彩的文化底蕴，成为名副其实的历史文化名城。

风情西南

重庆

　　重庆是巴渝文化发祥地。在3000余年历史中，重庆曾三为国都、四次筑城，抗战时期曾为国民政府陪都。

　　巴渝文化是长江上游富有鲜明个性的文化之一。自古以来，重庆人一直生活在大山大川之间，在艰苦的地理环境中，他们练就出了一种顽强、坚韧和剽悍的性格。在巴渝文化熏陶下的重庆人，身上往往具有一种江湖气息，他们勇猛、坚韧、豪迈、大气。

　　1937年抗日战争全面爆发，次年国民政府从南京迁都重庆，将重庆定为"陪都"。一时间，重庆成为当时中国的

政治、军事、经济、外交中心，这种状况一直持续到1945年抗日战争结束。7年时间为重庆留下了相当多的历史遗迹和人文轶事，重庆谈判旧址、总统官邸、红岩村遗址等，都是今天重庆独特的人文景观。在这一时期，大量的教育家、科学家、文学艺术家也都涌入重庆，使重庆学府云集、文化繁荣，培育了大量的人才。

重庆是一个特点极其鲜明的城市，拥有很多别称，"江城""雾都""山城""火锅之都"都指重庆。这里气候多雾，平均雾日甚至超过了世界雾都伦敦，大山大河又让整座城市面貌别具一格，故而重庆一跃成为中国的"网红"城市，吸引着世界各地的人前来一窥其风采。

阆中

    阆中自古以来就是西南军事重镇、巴蜀要冲，拥有中国保存最完整的四大古城之一——阆中古城。阆中古城是完全按照唐代天文风水理论建造的，被誉为"风水古城"。

    阆中是一座底蕴浓厚的千年古城，自古以来就是巴蜀地区军事重镇，关于阆中有很多传说故事。

    在三国时期，蜀国名将张飞曾任巴西太守，从214年到221年，张飞驻守阆中长达7年之久。在驻守阆中时，张飞率领1万人，打败了曹操的上将张郃带领的3万人的进攻，取得了"保境安民"的胜利。不过，张飞最终丧生之地，也是阆中。张飞在伐吴前夕被部下范强、张达所杀，死后被安葬在阆中。根据史料记载，张飞的墓实际上有两处，他被杀时身首异处，头被部下带到了重庆云阳，后来被云阳人安葬，但身体没有被带走，所以阆中张飞墓安葬的是张飞的身躯。为了纪念张飞，后人在阆中为其建造了"桓侯祠"。

    中国人最重要的传统节日——春节起源于阆中。在公元前1世纪左右，有一位著名的民间天文学家落下闳，他

就是阆中人。当时汉武帝为了改革历法，特向全国征聘天文学家，经同乡推荐，落下闳到了京城长安，为国家主持历法改革。落下闳观天体、推历法，最终颁布了《太初历》，并将二十四节气纳入历法。《太初历》是中国历史上第一部有完整文字记载的历法，有着极其重要的地位。历法确定后，落下闳又确立正月为岁首。于是，人们将正月初一称为"新年"，中国民间的春节习俗就此开始，一直传承至今。所以，落下闳被称为"春节老人"，阆中也以"春节文化之乡"闻名遐迩。

在2300多年历史中，阆中曾经是古巴国国都，也是明末清初时四川省省会。阆中古城是中国保存最完整的四大古城之一，古城核心区约2平方千米，完整保存着唐宋格局、明清风貌。古城建址完全依照唐代天文风水理论，因此也被誉为"风水古城"。

阆中风光旖旎、文化富集，随处充满着古韵古风，自古以来被传说是神仙居住的地方，有"天上瑶池，地下阆苑"之说，"阆苑仙境"也成为阆中最美的别称。

自贡

自贡是中国著名的盐都,"自贡"一名即是古盐井自流井和贡井的首字合并而成的。自贡采盐始于战国末期,是中国井盐文化发祥地之一。

自贡位于四川南部,以2000多年的井盐历史闻名于世。今天的自贡汇聚了古盐井、古镇古街、行帮会馆等众多盐史文物,井盐历史形成了自贡的文化底色。

盐一直以来都是海边的盛产之物,自贡深处中国西南腹地,自贡井盐是如何而来的呢?大约在2亿年前,在地壳运动的作用下,自贡地区处于由海到陆的转换时期,大量的盐卤、岩盐、天然气被埋藏在自贡的地下。2000多年前,生活在自贡的先民偶然发现了这些"埋藏"长达2亿年的宝藏,从此,自贡人民便开始了对井盐的开采和使用。

"自贡"一名,由两口古盐井——自流井和贡井的名字首字合并而来。在自贡,以"井"命名的地方有214处,可见盐井在自贡数量之多、应用之广,这也反映了自贡人钻井技术的成熟。英国学者李约瑟曾盛赞以自贡地区为代表的中国钻井技术是对世界文明的卓越贡献。

自贡盐业的繁荣也带动了当地经济的飞速发展。清朝时,自贡成为全国的井盐中心,生产的食盐可供全国1/10的人口食用。鼎盛时期,自贡富商云集,是中国最富庶的城市之一。

自贡还有"恐龙之乡"之称,是中国恐龙化石蕴藏最丰富的地区之一。

盐业遗迹和恐龙遗迹为自贡增添了很多神秘色彩,井盐文化还形成了自贡独特的美食体系。只有身处其中,才能感受到这座小城极强的魅力。

贵阳

　　贵阳位于贵山之南，是贵州省的政治、经济、文化中心，同时也是连接中原和西南地区的重要节点城市，因此被称为"中国西南门户"。

　　"山中有城、城中有山，城在林中、林在城中"，这样一座与森林合二为一的城市，便是贵阳。它是中国首个国家森林城市，以宜人的气候和秀丽的风景一跃成为现代城市的新贵。但同时，贵阳也是一座历史悠久的文化古城，它的历史最早可追溯到远古时期。

　　公元前7000年左右，贵阳地区就已经有人类居住了。春秋战国时期，贵阳地区是古夜郎国的领土。夜郎国因"夜郎自大"的典故而闻名，该典故出自司马迁所著《史记》，讲的是夜郎国的一位国王，从来没离开过自己的国家，于是就以为自己统治的国家是全天下最大的。夜郎国是西南地区少数民族先民建立的第一个国家，在西南地区发展历史中具有重要意义。战国时期夜郎国第一次被世人

知晓，到了西汉末年，夜郎国爆发叛乱，一部分夜郎人南迁，一直迁徙到了中南半岛南部，一部分夜郎人并入东汉，夜郎国逐渐消亡。

贵阳有句俗语，没有走遍"九门四阁"，就不算到过贵阳。九门四阁，顾名思义，包含九座城门、四栋楼阁。

古代贵阳城最辉煌的时期主要是在明清时期。明朝先后两次修筑贵阳石城，第一次筑内城墙，共建五座城门；第二次增建外城墙，设置四座城门，总共为九门。到了清朝，为了抹去前朝痕迹，地方政府对九门的名称进行了更改。

在东门的城墙上，建有一栋楼阁，名为文昌阁。站在文昌阁上向外眺望，视野极佳。康熙年间对文昌阁做了多次的重建维修，并供奉文昌魁神，鼓励读书人走科举取士之路。然而随着时间流逝，标志着贵阳雄伟气势的九门逐渐凋零崩塌，只有老东门被保留了下来，而文昌阁则是四阁当中唯一保留下来的。

贵阳的标志性历史建筑，除了九门四阁外，还不得不提甲秀楼。甲秀楼位列中国十大名楼之一，是一栋三层三檐四角结构的建筑，始建于明朝。甲秀楼先后经历过6次大规模的修缮，历经400多年风雨，至今依然屹立在贵阳城中心，成为贵阳历史文化和现代文明的汇聚点。

现如今，夜郎国的历史早已沧海桑田，巍峨的城墙也几近消失，但贵阳厚重的历史文化是无法被钢筋水泥所掩盖的。它蕴含在贵阳的老城区、街角边，藏在每一处古建筑里，需要细细去追寻，去感受。

昆明

　　昆明曾是古滇国的都城，拥有2200多年的建城史，滇池地区更是拥有3000多年的文明史。昆明历史悠久、文化灿烂，一直是中国西部重要的城市之一。

　　数万年前，就已经有人类在昆明滇池一带过着茹毛饮血、穴居野处的原始生活。距今7000—4000年前，这里的原始人类逐渐开始定居，从事原始农业、狩猎以及饲养畜禽等多种经营活动，并已能纺纱和织布。

　　悠久的人类发展历史和适宜的自然气候条件，使昆明很快发展成为西部重要之地。公元前3世纪，楚国大将庄蹻率领军队进入云南，抵达滇池地区。他在征服当地人后，以滇池为中心建立了滇国，自称"滇王"。历史上关于古滇国的记载并不多，这个西部小国的发展情况依然存在着很多未解之谜。1956年11月，考古学家在昆明市晋宁区上蒜镇石寨山古墓群中发掘出一枚金印，上刻有"滇王之印"四字。"滇王之印"的出土，证实了古滇国的存在。

　　昆明是一个多民族汇聚的城市，在这里生活的民族多达26个。在长期的发展过程中，各民族既相互影响、融和，同时又保持着本民族的传统习俗和文化艺术，为昆明增添了鲜明的多元文化特色和民族风情。

丽江

　　中国以整座古城为对象申报世界文化遗产项目并获成功的，丽江古城是其中之一。这座古城具有鲜明的历史文化特色和浓厚的纳西族民族印记。

　　丽江古城又名大研镇，是一座没有城墙的古城，这一点和中国众多古城大不一样。关于丽江为什么不设城墙，有一个很有意思的传说：丽江的历代统治者姓木，现今古城内的木府，就是丽江世袭土司木氏的衙署。在汉字中，如果将"木"字四周围起来，就变了"困"字。"困"的寓意是很糟糕的，它预示着木氏家族将被围困，难以发展壮大。因此，历经元、明、清三朝600余年，木氏均没有在城内建筑城墙。鼎盛时期，木府占地百余亩，有建筑近百座，是大研古城的心脏所在。

　　中国古代著名的地理学家、旅行家徐霞客晚年时游历西南，来到丽江，受到丽江主要少数民族纳西族最高规格的接待。在丽江，徐霞客充当了中原文化的传播者，同时

他也成为明朝时期西南少数民族纳西族和木氏土司真实生活情况的唯一记录者。徐霞客在自己的游记中详细记录了丽江当时的发展情况和民族风情。今天在丽江木府的墙上题着几个字："宫室之丽，拟于王者"，那正是徐霞客在游记里对木府的评价。

在云南考察期间，徐霞客罹患重病，双腿瘫痪不能行走。他在丽江的好友土司木增闻讯后，立刻派人用滑竿抬着他，历经150天将他安全送回江阴老家。徐霞客游记中关于云南的部分即《滇游日记》为丽江留下了珍贵的历史文献资料，也为丽江纳西族文化打开了走向外界的大门。如果没有徐霞客，丽江和木府很难在那个年代走出云南深处被外界所知晓；而如果没有木增和徐霞客的友谊，徐霞客的游记也很有可能难以传世。

今天的丽江，依然极具民族风情，多民族文化在这里交流融合、交相辉映，为丽江增添了一份独特的魅力。

大理

　　大理曾是南诏国和大理国的都城，也是云南白族人口聚集地，拥有着富有传奇色彩的民族历史，又因风花雪月的盛景闻名于世。

　　大理古城，镶嵌在云南苍山洱海之间，秀丽脱俗的风景、浓郁的少数民族特色，再加上悠久的历史，让这座古城成为很多现代都市人心中的向往之地。

　　大理，原本是西南大理国的国号，大理古城则是大理国的都城。现存的大理城始建于1382年，而其历史最早可以上溯到唐朝，距今已有1200多年。唐宋时期，大理作为南诏国和大理国的都城先后近500多年，长期是云南地区的政治、经济和文化中心。

　　唐朝初年，分布在洱海地区的少数民族通过不断融合兼并，逐渐形成了6个大的部落并存的局面，史称"六诏"。"六诏"并存时期，很多诏王都野心勃勃，南诏第四代王皮逻阁就是其中一位最有魄力和野心的。732年，他贿赂剑南节度使王昱，请求统一六诏，这个请求最终得到了唐王朝的同意。在唐朝帝王的协助下，南诏于738年兼并了其他五诏，建立了南诏国，实现了洱海地区的统一。皮逻阁被唐朝册封为云南王，第二年，他把王都迁移至苍山洱海间的大理，建立了太和城作为王都。太和城位于今大理古城南边7.5公里，在太和城遗址内保存有一块非常著名的石碑——《南诏德化碑》。从碑文内容可以清晰看出1000多年前南诏国与唐王朝和吐蕃间的关系，它是研究云南民族史、地方史的宝贵资料，被誉为"云南第一碑"。

　　937年，曾任南诏通海节度使的段思平建立了大理国。大理国的面积相当大，包括今天中国的云南、贵州，以及

缅甸、泰国、老挝的部分地区，大约是现今云南省面积的3倍。金庸小说《天龙八部》中风流倜傥的公子哥段誉，其原型就是大理国第16代国王段和誉。大理国持续了316年，由于它将佛教奉为国教，因此又有"佛国"之称。崇圣寺是大理国的佛教活动中心，东面洱海，西靠苍山，是中国著名的佛寺之一，崇圣寺三塔也是大理历来最典型的名片。

大理是白族人的聚集地，今天，大理三分之二的人口都是白族人。白族文化和其他多民族文化交融发展，形成了多元灿烂的大理文化，这也成为大理独一无二的特色所在。

拉萨

拉萨是西藏自治区首府，也是藏传佛教圣地，素有"日光城"美誉，是首批国家历史文化名城。它以风光秀丽、历史悠久、风俗民情独特、宗教色彩浓厚而闻名于世。

说到拉萨的诞生，就不得不提到西藏重要的历史人物——松赞干布。公元1世纪前后，青藏高原上出现了大大小小的氏族部落。到了6世纪末7世纪初，山南一带的雅隆部落开始崛起，势力逐渐扩张到拉萨北部。松赞干布的父亲囊日论赞统治时，雅隆部落占领了拉萨地区。不久后，松赞干布继位，为了巩固和发展政权，他将大本营从山南移到拉萨。633年，松赞干布在拉萨建立了强大的吐蕃王朝。

在这之前，拉萨是一片荒芜沼泽。松赞干布迁都拉萨以后，大兴土木，兴建宫殿、城堡、寺院，修缮河道，西藏现存最早的土木结构建筑——大昭寺就是在这一时期建

造的。这一时期的建筑，奠定了拉萨城市的雏形。后来随着佛教的兴盛，人们把这座城市尊为佛教圣地，称为"拉萨"，即藏语"圣地"之意，这一名字沿用至今。

迁都后，为了巩固政权，松赞干布称臣于唐朝，并向唐朝送厚礼请求和亲。唐太宗将文成公主嫁给了松赞干布。松赞干布着手兴建布达拉宫，以迎娶文成公主。他命人在红山之上修建了共有1000间宫殿的三座九层楼宇，这座古老而伟大的建筑在后来经历多次火劫，几近毁灭，又被西藏历代喇嘛扩建，最终形成了现在我们看到的布达拉宫。布达拉宫是世界上海拔最高的宫廷建筑，集宫殿、城堡和寺院于一体，也是西藏最庞大、保存最完整的古代宫堡建筑群。

今天的拉萨依然是不可替代的佛教圣地，在这里经常可以见到虔诚的朝拜者。浓郁的宗教色彩、悠久的历史和独特的高原自然风光，使拉萨独具魅力。

日喀则

日喀则是西藏自治区的地级市，位于西藏西南部，与尼泊尔、不丹、印度三国接壤。日喀则已有600多年的建城历史，是后藏地区的政教中心，也是历代班禅的驻锡之地，被誉为"最如意美好的庄园"。

说起日喀则的历史，不得不提到建立了强大吐蕃王朝的松赞干布。7世纪，松赞干布在统一西藏后，按地理位置将西藏划分为五大行政区。后来，在松赞干布划分的基础上，根据达赖、班禅的势力范围，拉萨和山南地区被称为"前藏"，日喀则地区被称为"后藏"，而整个藏北高原被称为"阿里"。这种划分习惯在几百年里有过调整和更改，但大体未变并沿用至今。日喀则一直是后藏的中心。

不过，在松赞干布所创立的吐蕃王朝时期，日喀则并没有正式建制。700多年后，到了14世纪的帕竹王朝，日喀则才正式建制。14世纪初，元顺帝的大司徒强曲坚增战胜萨迦王朝，建立了帕竹王朝并得到元朝王室的庇护。帕竹王朝设了13个大宗溪，最后一个宗叫作"桑珠孜"（意为"如愿以偿"），也就是今天的日喀则地区。

日喀则真正的发展契机源自扎什伦布寺的建设。扎什伦布寺是藏传佛教格鲁派的六大寺院之一，也是四世班禅之后历代班禅的驻锡地，可与布达拉宫相媲美，被称为"日喀则小布达拉宫"。扎什伦布寺建成后，日喀则城市以之为中心逐步发展，走向鼎盛。噶玛王朝统治西藏期间，就将首府设在日喀则，使这里一度成为西藏的政治、经济、文化中心。

日喀则境内有世界最高峰珠穆朗玛峰，还有人迹罕至的神山、圣湖和秘境。绝美的风景和历史悠久富有传奇的

名寺古刹，让这座仅次于拉萨的西藏第二大城市成为西藏地区最具吸引力的旅游胜地之一。

江孜

江孜地处西藏南部，是国家历史文化名城之一。在位于县城中心的宗山山顶，矗立着一座白墙红顶、气势宏伟的城堡——江孜古堡。它是江孜人民英勇抗击英国侵略者的历史见证，也是现今唯一保存完整的旧西藏宗政府建筑遗址。

1904年，对于江孜人民来说是一个永远不能忘却的年份。这一年，英军入侵西藏，西藏人民在江孜以宗山为中心与英军展开了殊死搏斗。英军动用了他们的主力部队和先进武器，而藏族同胞使用的土制枪炮十分落后，可藏族同胞不畏强敌，退守江孜古堡周围，誓死捍卫每一寸土地。即便在枪弹耗尽、敌人已逼到眼前的状况下，他们依然没有放弃，拣起山上的石头奋力向敌人投去。最终，数百名勇士宁死不屈，跳崖牺牲。

这场战争西藏人民足足坚持了近3个月，就连英军首领荣赫鹏也不得不承认："西藏人民的英勇是无可争辩

的。"从此，人们称江孜为"英雄城"。

江孜的历史文化遗存十分丰富。宗山古堡是如今唯一保存比较完整的旧西藏地方政府宗府（"宗"相当于县级行政机构）的所在地。位于江孜西郊的白居寺，始建于1418年，是一座塔寺结合的藏传佛教寺院建筑，塔中有寺、寺中有塔，充分体现了13世纪末至15世纪中叶后藏地区寺庙建筑的典型特点。

在江孜还有一座保存完好的农奴主庄园——帕拉农奴主庄园。这是旧西藏八大贵族庄园中唯一完整保留下来的庄园。帕拉家族是一个有400多年历史的古老家族，到19世纪末，这个家族共拥有37座庄园、1.5万余亩土地、12个牧场、14000余头牲畜、3000多名农奴。在帕拉庄园遗址，还保存有当年遗留下来的名贵餐具、进口酒、裘皮服饰等生活用品，清晰地再现了帕拉家族的显赫地位与奢华生活。

广袤西北

敦煌

　　敦煌是古代丝绸之路上的重要城市，曾拥有繁荣的商贸活动和灿烂的文化。今天，这里古迹遍布，以佛教石窟和壁画闻名天下。

　　提到敦煌，人们首先想到的就是敦煌莫高窟。这一世界闻名的瑰宝屹立在中国西北部的大漠地带，穿越千年的风沙洗礼，使整个世界为之震撼。

　　敦煌莫高窟是中国现存规模最大的石窟，有洞窟492个，壁画45000多平方米，彩塑2000多座。366年，僧人乐尊在游历期间路经此地，忽见山上金光闪耀、如现万佛，于是便在岩壁上开凿了第一个洞窟，这便是莫高窟的起源。此后，莫高窟历经近10个朝代的不断扩大修建，规模越来越大，成为中国佛教圣地之一。

　　1900年，一位名叫王圆箓的道士在莫高窟隐居。为了

将部分已被遗弃许久的洞窟改建为道观，他对洞窟进行了大规模的清扫。当他在为第16窟清除淤沙时，偶然发现了北侧甬道壁上的一个小门，打开后，出现一个长宽各2.6米、高3米的方形窟室，里面竟然藏有从4世纪到11世纪的历代文书和纸画、绢画、刺绣等文物达5万多件，这就是著名的敦煌藏经洞。藏经洞的发现，震撼了整个世界，并由此形成了一门以研究藏经洞文书和敦煌石窟艺术为主的学科——敦煌学。

莫高窟被誉为世界上现存规模最庞大的佛教艺术宝库，它对于研究佛教文化，以及古代的经济、贸易、社会生活等情况，都具有非常重要的价值。

敦煌以佛教文化而闻名，它同时还是古丝绸之路河西走廊上的咽喉重镇。人文景观和大漠自然景观融为一体，赋予了敦煌厚重的历史内涵和绝美的戈壁风情，使这座古城流光溢彩、生机勃勃。

张掖

　　张掖自古以来就有着"塞上江南""金张掖"的美誉，是古代丝绸之路河西走廊上的重镇。灿烂的历史遗迹和独特的丹霞地貌，让张掖成为一座熠熠生辉的古城。

　　张掖，一座位于中国西北地区的偏远小城，以绝美磅礴的七彩丹霞景观而闻名。除了极富魅力的风景，张掖还拥有厚重辉煌的历史，是一座历史文化名城。

　　河西走廊是中国内地通往西域的要道、丝绸之路的咽喉之地，也是佛教东传的重要通道和第一站。河西走廊地带自古以来就是富足之地，也是兵家必争之地。张掖恰好位于河西走廊的中段，是四方道路的黄金交叉点。西汉时期至隋唐时期是张掖的鼎盛时期，当时丝绸之路上往来使团、商旅络绎不绝，带动了张掖的经济发展。

　　佛教的东渡，也为张掖留下了众多佛教遗存。

　　位于张掖西南的西夏大佛寺，是丝绸之路上一处重要

的名胜古迹，也是张掖的标志性建筑。相传西夏大佛寺还是元世祖忽必烈的诞生之地。大佛寺内有一座巨大的卧佛，还有数以千计的精品文物。卧佛是根据佛祖释迦牟尼涅槃时的形象塑造的，是世界上最大的室内木胎泥塑卧佛。卧佛身长 34.5 米，肩宽 7.5 米，光是卧佛的一根手指，就可以平躺一个人，一只耳朵则可以容纳 10 个人并排坐。

沿悬崖开凿而成的马蹄寺石窟，仿佛悬空在峭壁之上，气势恢宏，令人叹为观止。马蹄寺石窟距今约有 1600 年历史，名称来源颇有神话色彩：传说天马在此饮水并留下蹄印，马蹄寺因此而得名。马蹄寺石窟与敦煌莫高窟、安西榆林窟并称为河西走廊三大佛教艺术宝库。

张掖灿烂的历史文化和绝美的自然景观，使其自古以来备受世人赞叹，古代许多著名的文人墨客将张掖写进了自己的诗文中。"错把张掖当江南"这样的名句，让张掖在中国西北的浩瀚大漠里，成为让人迷恋的一盏明灯。

天水

天水是中华民族的发祥地之一，是"三皇之首"伏羲氏的诞生地，有"羲皇故里"之称，也是海内外华人寻祖追宗的地方。

和许多古城是由帝王命名不同，天水的名字来自一个美丽的传说。据说2000多年前，今天的天水地区还被称为上邽，人口众多，是山水灵秀、人杰地灵之地。到了秦末汉初，常年的战争使这片富庶的土地饱受战乱之苦，再加上连年干旱，民不聊生。人们走投无路之时，一天夜里，忽然狂风呼啸、雷电交加，之后大地连续震动，在巨响声中，大地裂开一条大缝。顷刻间，天上之水倾泻而下，注入裂开的大缝中，形成一湖，名叫"天水湖"。有了这片湖，上邽如得新生。天水湖水位稳定，水质纯净，春天不

干涸，夏天不溢出，颇为神奇。人们都称这湖是与天河相通的。天水湖解决了人们生活的困苦，重新带给他们肥沃的土地和丰盛的收成。后来，汉武帝听闻这个传说，就下令在天水湖旁新设郡，命名为"天水郡"。从此，就有了"天水"之名。

天水历史悠久，是中华民族的发祥地之一，是人文始祖伏羲的出生地，有着"羲皇故里"的殊荣。伏羲是中华民族敬仰的人文始祖，因其在中华文明史上的巨大贡献，千百年来被尊称为"三皇之首""百王之先"，受到中华儿女的共同敬仰。

如今，天水的伏羲庙是全国规模最大的伏羲祭祀建筑群。每年农历正月十六是伏羲的诞辰日，周边群众都会扶老携幼，纷纷前来伏羲庙朝拜祭祀这位"人祖爷"，天水也因此成为海内外华人寻祖追宗的圣地之一。

喀什

喀什全称"喀什噶尔"，意为"玉石集中之地"，其有文字记载的历史有2000多年，曾是古丝绸之路的交通要冲。喀什具有浓郁的维吾尔族风情，与伊宁、吐鲁番等同为国家历史文化名城。

喀什位于新疆西南部，其形成城郭集市已有2000多年，历史悠久，风情独特，被誉为"最后的西域"。

有这样一句话："不到喀什，不算到新疆；不到古城，不算到喀什。"喀什古城是世界上现存规模最大的生土建筑群之一，也是中国至今唯一保存完好的、具有典型古西域特色的传统历史街区，因此被称为古老丝绸之路上唯一"活着"的古城。关于喀什最早的记载是西汉张骞对古疏勒"有市列"的记述。那时，张骞所到的喀什就已经颇具规模。自汉、唐两朝以来，喀什古城就是丝绸之路上最美丽繁华的地带，城内众多古巷数不胜数，巷巷相连，盘延曲折。极具维吾尔族风情的古民居，融汇了东西方建筑的特色，使喀什古城充满了诗意和传奇色彩。

如果说喀什古民居建筑是古西域"活着的骨架"，那么生活在喀什古城内的居民和遍布大街小巷的传统手工业，就是古西域"活着的灵魂"。这里的很多手艺都是世代相传的，在人们早已习惯机械加工的现代化社会，喀什的确有几分像是从古代穿越而来的。

喀什是一座具有独特历史魅力和民族风情的古城，吸引了越来越多的人前来一睹其风采。穿行其中，仿佛千年前丝绸古道的盛景再次出现，让人分不清地域和时光。